미국 HR 현장에서 답을 찾다

미국기업 HR 실무 사례와 Q&A

심흥섭 저

프 롤 로 그

"현장에서 수많은 시행착오와 치열한 대응의 조각들 속에서, 저는 미국 HR이라는 거대한 퍼즐의 방향을 찾아갔습니다.
이 책은 그 여정의 흔적입니다."

처음 미국에 왔을 때, 그저 열심히 일하면 길이 열릴 거라 믿었습니다. 하지만 현실은 훨씬 복잡했습니다. 법은 글자 그대로 움직였고, 문화는 생각보다 단단했으며, 현지 직원들은 그들만의 틀 속에서만 움직였습니다. 한국에서 당연했던 것이 미국에서는 전혀 통하지 않았습니다.

일례로 미국의 한 로컬 사출(Injecktion) 협력업체와 일할 때의 일입니다. 한국식으로 '빨리빨리'를 강조하다가, 오히려 미국 파트너에게 "우리는 프로세스를 지키지 않는 업체와는 계약을 하지 않겠다." 라는 냉정한 답을 들었습니다. 그때 깨달았습니다. 여기는 속도가 아니라 신뢰와 시스템이 우선한다는 것을.

미국 비즈니스 환경은 급격한 변화 속에서 기업과 개인의 생존 전략을 시험합니다. 트럼프 행정부의 관세정책은 한국기업에게 단순한 무역 이슈를 넘어선 중대한 경영 과제를 던지고 있습니다. 더 이상 한국 내에서 생산한 제품을 수출하는 방식으로는 경쟁력을 유지하기 어렵습니다. 관세 부담을 피하고, 현지 고객과 시장의 신뢰를 얻기 위해서는 **현지화(Localization)**가 필수적입니다. 그러나 현지화란 단순히 공장을 짓는 행위를 넘어, 노무 · 법률 · 문화 · 조직운영 전반의 적응을 의미합니다.

현장의 현실은 더욱 냉혹합니다. 불과 얼마 전 현대차 하청업체에서 발생한 대규모 이민국 단속은, 불법체류 신분에 의존한 인력구조가 얼마나 큰 리스크로 이어질 수 있는지를 극명하게 보여주었습니다. 단속 이후, 기업들은 하루아침에 인력공백에 직면했고, 작업은 All-Stop되어, 결국 생산 차질은 불가피했습니다. 이 사례는 단순한 법 집행 사건이 아니라, 인력 전략과 리스크 관리의 문제이며, 현지 기업 운영의 지속 가능성에 직결되는 사안입니다.

저는 오랜 기간 미국 HR 실무를 다루며, 기업들이 공통적으로 겪는 어려움을 지켜봐 왔습니다. 첫째, 법적 리스크에 대한 준비부족. 계약, 고용, 노동규정에 대한 이해가 부족하면 언제든 법적 분쟁에 노출됩니다. 둘째, 문화적 오해에서 비롯되는 신뢰 손상. 한국식의 속도와 유연함은 미국에서는 '규정 위반'으로 간주되는 경우가 많습니다. 셋째, 인력운영의 불안정성. 합법적이고 안정적인 인력 Pool을 확보하지 못하면 단기적 비용절감은 가능할지 몰라도 장기적 성장 동력을 잃게 됩니다.

이런 상황을 현장에서 직접 보고 경험해 왔습니다. 법적 리스크를 피하지 못해 하루아침에 사업이 흔들리는 경우, 문화 차이를 간과하다가 신뢰를 잃는 경우, 인력운영을 잘못하다가 전체 시스템이 무너지는 경우… 이 모든 것은 준비하지 않으면 누구에게든 닥칠 수 있는 일입니다.

이 책은 이런 리스크와 과제를 현장의 사례와 실질적 대안을 통해 풀어낸 결과물입니다. 독자 여러분은 단순히 정보를 얻는 것을 넘어, 실제로 현장에서 적용 가능한 전략적 가이드라인을 만나게 될 것입니다.

이 책은 다음과 같은 분들에게 특히 필요합니다.

- **미국에 공장을 설립하거나 지사를 운영하는 한국기업의 경영진**
- **현지에서 HR · 총무 · Compliance를 맡게 된 한국인 관리자**
- **불법체류, 이민국 단속, 노동국 조사 등 현실적 리스크에 직면한 협력업체 관계자**
- **한국과 미국 HR 차이를 이해하고 현지화 전략을 세우려는 컨설턴트와 경영진**

• 글로벌 HR 커리어를 준비하는 실무자 및 예비 전문가

앞으로의 미국 시장은 더 높은 수준의 규제 대응력, 현지 인재관리 능력, 문화적 이해를 요구할 것입니다. 기업과 개인 모두, 이 변화에 얼마나 빠르고 정확하게 대응하느냐가 생존을 결정합니다.

제가 겪은 시행착오가 독자 여러분에게는 미리 예방할 수 있는 지도가 되길 바라며, 현지화(Localizing)라는 거대한 과제 앞에서 혼자 고민하고 있는 실무자들에게실질적인 길잡이가 되기를 바랍니다.
끝으로, 외롭고 고단한 미국생활 내내 묵묵히 응원해준 아내와 아이들, 한국에 계신 가족들에게 깊이 감사드립니다.
이 책이 세상에 나오기까지 당신들의 이해와 배려가 큰 힘이 되었습니다.
"미국 HR은 어렵지만, 반드시 길이 있다."

2026년 1월

심홍섭

추 천 사

I've had the opportunity to collaborate professionally with the author on several HR-focused projects, and I've consistently been impressed by her ability to navigate complex organizational challenges with clarity, pragmatism, and cultural sensitivity. She combines strategic insight with an impressive capacity to translate theory into action—something that sets her apart as a truly field-driven HR leader.

That's why "『미국 HR 현장에서 답을 찾다』" immediately resonated with me. It is not just informative—it's deeply practical, grounded in the realities of the American workplace, and reflective of the kinds of questions HR professionals genuinely ask. The Q&A format is particularly effective in capturing the uncertainty and nuance of real-world decision-making, especially for international professionals working in or entering U.S.-based organizations.

Having worked directly with the author, I can confidently say that this book is the product of both depth and experience. It distills years of hands-on HR practice into an accessible and insightful guide that bridges cultures and systems. For HR practitioners, global managers, and students seeking to understand how American HR really works—not just in theory but in practice—this book is an invaluable resource.

Dr. Michael Reynolds
Professor of Human Resource Management
University of California, Irvine

저는 이 책의 저자와 HR 중심의 다양한 프로젝트에서 협업한 경험이 있습니다. 그 과정에서 느낀 가장 큰 인상은, 저자가 복잡한 조직환경 속에서도 전략적 사고와 실무 중심의 문제해결력을 동시에 갖춘 HR 전문가라는 점입니다. 특히 문화 간의 차이를 이해하고 조율하는 감각은 매우 탁월했습니다.

『미국 HR 현장에서 답을 찾다』가 특별한 이유도 바로 여기에 있습니다. 이 책은 단순히 정보를 전달하는 데 그치지 않고, 미국 현장에서 실제로 벌어지는 HR 상황과 그에 대한 구체적인 해법을 현실적으로 담고 있습니다. Q&A 형식은 실무자들이 실제로 마주하는 고민과 불확실성을 생생하게 반영하며, 특히 미국기업에 진출하거나 근무하는 글로벌 인재들에게 매우 유익합니다.

이 책은 단순한 가이드북이 아니라, 수년간의 실무 경험과 문화적 통찰이 응축된 결과물입니다. 미국 HR의 구조와 문화를 깊이 이해하고자 하는 HR 실무자, 관리자, 그리고 학생들에게 이 책은 신뢰할 수 있는 동반자가 되어 줄 것입니다.

마이클 레이놀즈 박사
캘리포니아대학교어바인캠퍼스(UCI)
인사관리학 교수

추 천 사

수 많은 기업이 미국 시장에 진입하기를 꿈꾸지만, 그 성공의 열쇠는 단순히 뛰어난 제품이나 서비스에 있지 않습니다. 진정한 성공은 미국 현지의 제도, 고용관행, 그리고 문화에 대한 깊은 이해와 민감한 대응에서 비롯됩니다. 특히 인사(HR)업무는 조직의 뿌리이자 글로벌 경쟁력의 기반으로, 현지화 없이는 결코 제대로 안착될 수 없습니다.

『미국 HR 현장에서 답을 찾다』는 단순한 이론이나 표면적인 정보전달을 넘어, 미국 현지에서 실질적으로 일어나는 HR 이슈들을 깊이 있게 다루며, 실무자가 실제 현장에서 마주치는 질문과 고민에 직접적인 답을 제공합니다. 특히 Q&A 형식으로 구성되어 있어, 정답이 하나로 고정되지 않은 인사 문제에 대해 다양한 관점과 판단 기준을 제시한다는 점이 인상 깊습니다.

무엇보다 이 책은 '실수하지 않도록 돕는 안내자'이자, '현장에서 길을 밝혀주는 길잡이'입니다. 저 역시 미국 및 글로벌 법인을 총괄해온 HR 임원으로서, 책장을 넘길 때마다 현실적인 조언에 깊이 공감했습니다. 한국 기업이 흔히 맞닥뜨리는 문화적 충돌, 직원관리의 복잡함, 현지 법령의 예기치 못한 함정까지 – 저자는 실제 실무자의 눈높이에서 해결책을 명확히 제시합니다.

미국 시장 진출을 꿈꾸는 기업, 파견 주재원, HR 실무자는 물론, 대학에서 HR 또는 글로벌 비즈니스를 준비하는 학생들에게도 이 책은 반드시 읽어야 할 필독서입니다. 미국 HR의 복잡한 정글을 이 한권으로 훨씬 안전하게, 그리고 자신 있게 건널 수 있을 것입니다.

새로운 기회를 꿈꾸는 이들에게, 그리고 안전한 도약을 준비하는 모든 분에게 이 책을 자신 있게 권합니다.

Howard H Chung

COSMAX CHRO & SPHR 미국 HR 전문가,

『면접의 법칙』 저자

목 차

Chapter 1

한국과 미국 HR 무엇이 어떻게 다른가

경험으로 배우는 문화의 간극과 실무의 오해

Scene 1.

'인터뷰가 시작되다'

피곤함이 밀려오는 퇴근시간 무렵, 이제 하루 일과를 정리하며 오늘을 되세겨 본다.

직원들의 불만사항, 관리자들의 요청, 중역들의 지시사항…. 여느 때와 다를 것도 없는 또 그런 평범한 일상이었지만, 오늘은 좀 더 피곤함을 느끼게 하는 하루였다.

"따르르릉~~" 피곤한 적막감을 깨는 전화벨 소리, 무표정한 얼굴로 전화기를 응시했다.

'(해병 875) 김유철 HR' 모 기업 인사팀장으로 나와 같은 해병대 출신의 후배 녀석이었다.

'이 녀석,ㅋ 오랜만인데~' 그 특유의 능청스러움과 쾌활함이 문득 떠올라, 입가에 미소 지어졌다.

"여~ 김해병, 간만이야~, 잘 지내지."

"필승!! 선뱀.. 잘 지내시지 말입니다." 제대한 지가 벌써 강산 두 번이 바뀌었지만, 그 특유의 '다나까'는 여전했다.

"나야 뭐~ 일상이지, 김해병은 어때?"

"죽겠습니다. 미국은 트럼프 때문에 시끄럽던데, 별일 없으십니까?"

"뭐 하루 이틀도 아니고 그냥 그게 일상다반사야. ㅋㅋ"

"참 나, 정작 죽겠는 건 '거'가 아니고 '여'가 봅니다. 선뱀" 특유의 경상도 사투리가 이제 슬슬 발동이 걸릴려나 보다 싶었다.

"뭐래~, 무슨 일 있냐?"

"마~, 말 마십쇼, 갸(트럼프)가 관세를 올린다 케서, 회사가 뒤집어지고 있습니다."

"아~ 상호관세, 보편관세 + 상호관세 한다고 해서, 여기도 난리긴 해. 인플레이션 온다고~"

"지금 회사에서 대책 맹글라고 하는데, 대책 있슴까~, 아주 죽겠습다. 선뱀~"

"니네 회사도 자동차 관련 업체여서 힘들긴 하겠다. 특히 전자·자동차에 부과되는 관세율이 제일 높은 품목 중 하나라는데."

"그라니까네~ 아주 죽을 맛입니다. 대책 내 놓으라는데, 대책은 없지~ 대안은 물 건너갔지.. 이러다 물 먹는거 아닌지 모르겠습다."

"ㅋㅋ 또, 오버한다. 야, 그럼 미국으로 넘어와~, 트럼프 보호관세 정책, 임기 중에는 변동되지 않을 거고, 최소 5년은 버텨야 하는데, 한국 내에서는 대응이 쉽지 않을 거야. 이런 시기엔 말이야, 현지화도 일종에 방안이야."

"현지화요?" 놀란 목소리 가득 되묻는다.

“현지화? 현지법인 설립하라는 말입꺼? 선배.”

“그렇지~, 이전이야~ 한미 FTA 조약으로 자동차등 몇 개 품목은 무관세 또는 최소관세로 수출돼서, 한국에서 생산하고 수출 후 미국 내에서 조립만 하는 현 시스템이 훨씬 경제적이고, 효율적이었지만, 이젠 30~50% 관세 적용하게 되면 남는 게 있냐?”

“…………..”

“특히 니네 회사 같은 자동차 관련 사들은 이제 현지화가 ‘선택’이 아닌 ‘필수’가 돼버린 시기가 도래한거야.”

“음… 현지화, 트럼프 보호관세 정책, 상호 관세료율… ‘선택’이 아니라 ‘필수’…”

녀석은 뭔가 홀린 듯 혼자 중얼중얼 알아들을 수 없는 말을 계속 웅얼거린다.

“야~ 김해병 .. 뭐하냐? ”

“아~ 선배. 알겠습다. 나중에 다신 전화 드리겠습니다. 이만 끊습다 ~ 선배. 필승.”

다급한 듯 전화를 끊어버리는 녀석. 그 와중에도 ‘필승’은 때리고 끊는 예의주도함. 어이없음에 웃음이 나왔다.

“뭐야 ~~ 이놈” 조용히 하루를 마감하며, 정리하려 했던 내 오후 끝무렵이 김해병으로 인해 부산한 마무리로 바뀐 하루였다.

Scene 1-2.

'인터뷰가 시작되다'

'카톡~~!'

G.Manager Meeting이 한창일 때, 난데 없이 나온 한국어 소리, 나는 순간 당황했고, 까탈스러운 미국인 Manager들은 회의 때 매너 모드로 전환하지 않은 내 행동을 못마땅해 하고 있으리라.. 주변 눈치를 살피며, 미안한 표정을 주변에 내보였다.

"필승! 선뱀. 오늘도 승리한 하루 보내고 계십니까?" 젠장 며칠 전 통화했던 김유철이었다.

"아~놔~!! 승리를 앞두고 니 카톡 때문에 깨꺵이다. 젠장할"

"누가 우리 선뱀 건드립니까~ 제가 당장 가서 예뻐해 줄껍니다. ㅋㅋ"

"뭐래~ 왜 문자 질이야… 잠 안자고 지금 거기 12시 넘은 거 아니야"

"마~ 잠을 잘 수가 없습니더~, 인쟈 ~ 지 곧 넘어갑니다."

"숨 넘어가냐~, 그래 인쟈 니가 갈 때가 되긴 됐다… 먼저 가가 기다

리라. 내 일 마치고 볼일 다 보고 갈꾸마~ ㅋㅋㅋ"

"뭐랍니까? 선배, 지 미국 출장 갑니다. 선배 보러. 경영기획 실장님하고 재무팀장하고 지하고, 미국에 현지 답사 갑니다."

"미국에?"

"네. 선배이 말했던, 현지화 그거 대표이사께 보고 드렸더니, 검토해 보라고 하십니다. 그래가 기획실장, 재무팀장, 지 이렇게 갑니다."

"아 ~ 그래~ 근데 왜 날 만나러 와~" 괜한 오지랖에 일을 크게 만든건 아닌지 하는 불안감과 성가심이 뒤범벅된 후회가 스나미 밀려오듯 뒷통수를 냅다 후려쳤다.

"그래도 선배이 미국에 오래 계시지 않았습까~, 경험 좀 나눠주소~ 마!"

"…………"

"우짜든동, 지 갑니데이~ 뉴욕이서 보입시다. 선배, 필승."

'하~아~~~' 스나미 같은 한숨이 내 입을 통해 내뱉어졌다.

"안녕하세요. 00 사 기획실장 한승호라고 합니다. 잘 부탁드립니다."

"네. 안녕하십니까? 심홍섭이라고 합니다."

"실장님. 제가 말씀드린 선배님이시고, 한국에 계실 때 자동차 HR에서 근무하신 경험도 있으시고~~, 좌우지간 HR 쪽에서는 인정받고 계신 분입니다."

"아 ~, 저희 대표이사께서 현지화를 고려해 보라고 하셔서, 현장 답사를 나왔는데, 여러분들 조언을 많이 귀담아 듣고 싶어서, 만나뵙자고 청했습니다"

김유철과 함께 들어온 정숙한 슈트 핏이 인상적인 중년의 사내가 호

감어린 눈으로 나를 바라보며, 말을 꺼냈다.

"김 팀장이 현지화 얘기를 꺼냈을 때, 사실 기획실에서도 현지화에 대한 논의 가 한참이었습니다. 현지화로 갈지, 생산 거점을 다른 나라(관세율이 낮은)로 할지에 대해서…"

"아~ 그러시죠~"

"그러던 찰나에 김 팀장이 팀장회의 때 '현지화' 를 공론화 했고, 저 또한 잘됐다 싶어, 기획팀 검토(안)을 대표이사께 보고드렸죠. 대표이사께서도 어느 정도 생각하고 계셨던지, 회의시간 내에 답사 TFT 꾸려서, 최대한 빨리 다녀오라고 하시더군요. 하하."

"아~ 네. 하하, 워낙 큰 이슈거리여서요."

간단한 인사와 사담이 오고간 뒤 한승호 실장은 노트북을 펴며 말했다.

"미국 현지에 계신 지인 및 협력사 관계자분들 만나서 얘기 나눠보니, 경영적인 부분은 그렇다 쳐도 HR이 특히 중요하다고 하더라고요. 현지화 성공의 여부는 문화적 차이를 어떻게 극복하느냐가 관건이라면서요."

"네, 제 생각도 마찬가지 입니다. 아마 한국에서 오신 분들 또는 기업체 분들은 모두 이구동성(異口同聲) 같은 얘기를 하실 겁니다. 그만큼 우리의 사고방식과 그들의 사고방식이 분명하게 차이가 있기 때문이죠."

"심 매니저님은 한국에서 HR로 일하다 미국에 와서 계속 HR을 하셨죠? 그 이야기를 들려주세요. 문화 충격부터, 배운 것까지."

나는 잠시 웃었다. 익숙한 질문이지만, 항상 새로운 대답이 나오는 질문이다.

Q1. 한국 HR 출신이 미국에서 처음 마주한 '문화 충격'은?

"회의가 끝났는데 아무도 회의실을 나가지 않더라고요."

"왜요?" 김유철이 물었다.

"저 혼자 말하고, 발표하고, 지시하고 끝났으니까요. 미국 직원들은 '우리 생각은?'을 기다리고 있었던 거죠."

"그때 느꼈어요. 한국은 보고하고 따르는 문화인 반면, 미국은 '참여하고 동의하는 문화'라는 걸요."

Q2. 미국 HR 업무에서 가장 달랐던 점은?

"한국에서 HR은 종합 행정센터죠. 인사기록, 급여, 복리후생, 평가 다 하고요."

"선배. 그라믄 미국은 HR에서 안 합니까? 그거 다 인사 업무 아닙니까?"

"하지~~, 하지만 미국 HR은 비즈니스 파트너 개념으로 접근해야 해요. 숫자도 이해해야 하고, 법도 알아야 하고, 직원과 매니저 간의 문제가 발생할 때도 해결해야 하죠."

"예를 들면요?"

"한 직원이 상사에게 '성격이 맞지 않는다'며 부서를 바꾸고 싶다고 했어요. 한국이었다면 '그건 네가 참고 다녀야지'였겠지만, 여기선 HR이 중재자예요. 직원이 안전하게 일할 수 있는 환경을 만들어야 하죠. 또한 미국 노동법에 *Employee right이란 게 있어서, 직원들이 회사에서 보호받으면서 일할 권리를 명문화 해놓고 있죠."

Q3. 한국과 미국의 '성과 평가'는 뭐가 그렇게 달랐나요?

"한국은 보통 연말에 발표하죠. 점수도 공개하고요."

"미국은요?"

"미국은 '피드백이 일상'이에요. 일주일에도 몇 번씩 상사가 피드백을 줍니다.

"예전에 제가 한 미국인 매니저에게 왜 그렇게 자주 피드백을 하느냐고 물었어요."

"그가 이렇게 말했죠."

"If we want employees to move in the right direction, we have to show them the way. Feedback isn't a luxury — it's a duty of leadership."

– '직원은 우리가 바라는 방향을 알아야 움직여요. 피드백은 리더의 의무입니다.'

"그 말이 너무 인상 깊었어요."

Q4. 미국에서 '직원을 해고할 때'는 어떤가요?

"이건 정말 조심스러워요. 해고하려면 성과관리 기록이 최소 세 단계는 있어야 합니다."

한승호 실장이 놀란듯 눈이 동그래지며 되물었다.

"해고도 그렇게 복잡해요?"

* Employee right : (직원의 권리) 근로자가 고용주로부터 정당하게 보호받고, 존중받으며, 공정한 대우를 받을 수 있도록 법이나 제도에 의해 보장된 권리

"네, 미국은 '*At-will'이라고 언제든 해고할 수 있지만, 실제로는 그렇게 안 합니다. 부당해고 소송이 너무 많거든요. 그래서 항상 문서로 남기고, 직원에게도 '개선의 기회'를 줘야 해요."
"한국은 보통 '당신은 오늘부로...' 아닌가요?"
"맞아요. 거기선 갑이고 여긴 관계죠."

Q5. 가장 놀라웠던 미국의 조직문화는?

"직원들이 CEO에게도 'I disagree'라고 말하더군요. 깜짝 놀랐어요."
"그건 진짜 충격이겠네요."
"처음엔 반말 같기도 하고 무례하다고 느꼈어요. 그런데 곧 알게 됐어요.
제가 눈이 동그래지며 의아한 표정을 짓자, CEO가 웃으며 이렇게 얘기하더군요.
'True respect isn't about rank — it's about how we show up and treat others every day.'
_'존중은 직급이 아니라 태도에서 나온다'_는 걸요."
"한국에서라면 상사 앞에서 '전 다르게 생각합니다'는 쉽지 않죠. 미국은 오히려 그걸 기대해요."

* At-Will : "의지에 따라, 원하면, 자유롭게" 등의 뜻 (Law of Employment in Common Law)에서 유래

Q6. 미국 HR 하면서 가장 힘들었던 순간은?

"한 번은 직원이 면접 중 '이 회사에서 유색인종은 승진 안 된다'고 느꼈다며 **EEOC(Equal Employment Opportunity Commission, 고용기회균등위원회)에 제소했어요."

"진짜요?"

"네, 내부 조사를 했고, 결과적으로는 회사가 고의가 없다는 걸 입증했지만…

그때 정말 무서웠어요. 아무리 실수라도, '차별'로 비치면 법적 리스크가 엄청납니다."

Q7. 미국 HR에서 가장 뿌듯했던 순간은?

"회사 내에 ***Diversity & Inclusion 태스크포스를 제가 처음으로 만들었어요.

처음엔 '그런 걸 왜 하냐'는 시선도 있었죠."

"그런데 6개월 뒤, 이사회 보고에서 대표가 말했어요.

'우리 회사는 이제 인종·성별·세대 간 격차를 논의할 수 있는 회사가 됐습니다.'

** EEOC : Equal Employment Opportunity Commission 차별, 괴롭힘, 보복 등을 당했을 때 이를 신고받고 조사하며, 해결하는 정부 기관

*** D& I : Diversity(다양성) & Inclusion(포용성) "차별 없이 존중받으며, 함께 성장할 수 있는 문화를 만들자"

그 말을 듣는데 뿌듯하더라고요. 제가 뭔가 바꿨다는 생각이 들었어요."

Q8. 한국기업이 미국에서 실패하지 않으려면?

"조직문화, 말투, 평가방식, 해고 프로세스… 다 한국식으로 하면 실패합니다."

"한 가지 예를 들면?"

"해고할 때 한국식으로 통보만 하고 짐 싸라고 했다가, 그 직원이 변호사 데리고 찾아온 적 있어요. '정서적 배려 부족'도 손해배상 대상이 될 수 있어요."

"미국은 사람이 먼저입니다. 절차, 설명, 감정관리. 그게 HR의 핵심이에요."

한승호 실장은 내가 해주는 얘기를 매우 관심깊게 새겨 듣고 있었다.

"진짜 많은 걸 경험하고 배우셨네요." 그는 노트북을 덮으며 말했다.

"이거 뭐 매니저님 얘길 듣다 보니 책 한권 쓰셔야 겠는데요. 하하하, 책 쓰실 생각 없으세요?"

나는 그냥 웃었다.

실무 경험 사례 (HR 문화적 차이)

1.
"미국 직원이 나에게 반말을 합니다"

미국에 와서 HR을 처음 시작했을 때, 한 직원이 제게 이렇게 말했습니다.

"Hey, can you take a look at this when you have a chance?
(저기~. 이거 시간 될 때 한 번 봐줄 수 있어?)"

나는 순간 당황했습니다. '저 사람은 나보다 직급도 낮은데, 이름도 안 붙이고 그냥 hey?'

당장 한국이었다면 '예의없다', '버릇없다'라고 느꼈을 상황이었죠.

그러나 이건 무례함이 아니라 문화적 차이였습니다. 미국 조직문화에선 호칭보다 실용성, 위계보다는 직접성을 중요하게 여깁니다. 상사에게도 이메일을 이름으로 시작하고, 말을 돌리지 않으며, 비즈니스 관계는 수평구조를 기반으로 전개됩니다.

▶ **한국식 위계의 기대치로 미국 조직을 해석하면 큰 오해가 발생합니다.**

이는 곧 직원 관리에서의 불신, 커뮤니케이션 단절로 이어질 수 있죠.

2.
"면접관이 왜 지원자에게 결혼 여부를 물었냐고 HR에 항의했습니다"

한국에서 오랜 기간 면접을 해 온 법인장이 미국 법인설립 초기, 인터뷰에서 이런 질문을 했습니다.

"혹시 결혼은 하셨나요? 앞으로 미국에 계속 거주하실 계획이신지 여쭤봅니다."

한국에서는 무심코 던질 수 있는 질문이었지만, 미국 현지 면접관 중 한 명은 면접이 끝나자마자 저를 찾아와 항의했습니다.

"저건 명백한 Discriminatory Question(차별적인 질문)입니다. 우리가 지금 *Title VII(고용상 차별 금지법) 위반 소송을 준비하고 싶은 건 아니잖아요?"

그제야 미국에서는 개인적 정보에 대한 질문 자체가 차별의 증거가 될 수 있다는 점을 실감했습니다.

이 사건 이후, 저는 모든 인터뷰 진행자들에게 **면접 중 금지 질문 리스트**를 나눠주고, 모의 인터뷰를 통한 사전 교육을 정례화했습니다.

▶ **한국기업이 자주 저지르는 실수 중 하나가 바로 '좋은 의도'에서 비롯된 차별입니다.**

---

* Title VII : Title VII of the Civil Rights Act of 1964 (1964년 민권법 제7편) 직장 내 차별을 금지하는 가장 핵심적인 연방법

3.
"우린 가족 같은 회사인데, 왜 사생활을 알려주지 않죠?"

한 한국계 기업에서, 팀장이 이런 말을 했습니다.
"요즘 애들 참 이상해요. 무슨 생각을 하는지 알 수가 없어요. 회식도 싫다 하고, 자기 일만 딱 하고 그냥 가버려요."
이건 단순한 세대 차이가 아니었습니다. 미국 직원들에게 '회사'는 일을 하는 공간일 뿐입니다.
일과 사생활의 경계를 분명히 지키는 것이 존중이고, 침해가 불편함으로 인식됩니다.
이를 모르고 '가족 같은 분위기'를 강요하면 오히려 반감을 사게 됩니다.

▶ **미국식 HR의 기본전제는 '서로를 존중하지만, 경계를 넘지 않는다'는 것.**
이를 무시하면 '좋은 팀워크'는 커녕 '관리자의 갑질'로 오해받기 쉽습니다.

이런 실수는 미리 피하세요 - 실무자의 체크리스트

❶ **직급보다 '역할'이 중요한 조직이다.**

→ 상호 존댓말, 직함 사용은 기본예절이 아니다.

❷ **면접 시에는 법적으로 금지된 질문이 명확히 존재한다.**

→ 결혼 여부, 나이, 가족 계획, 종교, 출신 국가 등은 금기사항.

❸ **'우린 가족 같은 회사'라는 표현은 미국에선 낯설고 불편할 수 있다.**

→ 일과 사생활의 존중은 기본전제.

❹ **업무상 이메일은 간결하고 직접적일수록 좋다.**

→ 돌려 말하기보다 요점을 바로 전달하자.

• • • • • • • • • •

당신에게 전하고 싶은 말

제가 이 차이를 체감하는 데는 무려 3년이 걸렸습니다.

그동안 수없이 외로웠고, '내가 뭘 잘못한 걸까'를 되묻는 날이 많았습니다.

이제는 자신있게 말할 수 있습니다.

한국과 미국은 HR의 철학 자체가 다릅니다.

'사람을 대하는 방식'부터, '회사가 지향하는 역할'까지요.

그걸 알지 못한 채, 한국에서 하던 방식 그대로 미국에 적용하면 '나는 잘했는데 왜 욕을 먹지?'라는 생각에 빠지게 됩니다.

하지만 반대로, 그 차이를 이해하고 먼저 존중하는 태도를 갖게 되면 미국 조직은 놀라울 정도로 협조적이고, 자율적이며, 구성원 중심적인 HR 환경으로 바뀝니다.

이 장을 읽고 있는 여러분은, 저보다 훨씬 현명하게 시작할 수 있습니다.

그리고 그게 제가 이 책을 쓰는 가장 큰 이유입니다.

Chapter 2

미국 HR 구조와 조직 내 역할 이해하기

'사람을 관리하는 부서'가 아닌,
'비즈니스 파트너'로 진화한 미국 HR

Scene 2.

두 번째 인터뷰

오랜만에 조지 워싱턴 브릿지를 넘어 매연 냄새 쾌쾌한 맨해튼 시내에 들어왔다. 뉴욕에 살다가 뉴져지로 이사했고, 이사한 이후 맨해튼을 나가 볼 일이 거의 없었다. 한 때는 아이들과 함께 번질나게 드나들던 센트럴 파크의 자연사 박물관이나 현대 미술관도 이젠 아이들의 관심과 거리가 멀어져 자연히 외출 빈도도 줄어들었다.

'여기는 처음 미국에 발 딛었을 때랑 변한 게 없네' 새삼 미국 처음 왔을 때 감흥이 새롭게 피어나고 있었다.

"안녕하세요? 심 매니저님" 잠시의 사치스런 옛 감흥을 깨는 힘찬 한승호 실장의 목소리가 들렸다.

"필승! 선배, 잘 쉬셨습니까?" 별로 듣고 싶지 않은 이 목소리도 …

"와~ 어제 선배 말씀하시거 들으면서, HR 업무 담당자로서 많은 걸 생각하게 하데에. 근데, 뭐 딱히 감은 잘 안 온다 아닙니까?" 시원한

허드슨 강 바람과 거친 경상도 사투리가 참 묘한 앙상블을 만들어 내는데 , 별로 싫지 않다는 생각이 들었다.

"선뱀, 미국에 왔으니까네~ 아메리카노 아님까? 아메리카노의 본고장ㅋㅋ 한잔 드시소~ 마" 어느샌가 커피 3잔을 내려놓으며 말했다.

옆에 한승호 실장이 잔잔하게 웃으며 말했다.

"심 매니저님. 어제 해주신 HR 관한 말씀 참 인상 깊었습니다. 그래서인데, 좀 더 HR에 대해서 말씀 들을 수 있을까요?" 아이스 아메리카노 한모금 마신 후 진지한 태도로 나를 바라보고 있다.

"아~네… 인상 깊으셨다니… 쑥스럽네요. 그럼 이번엔 미국 HR이 한국과 뭐가 어떻게 다른지, '조직 안에서 HR의 구조와 역할' 중심으로 얘기해 볼까요."

나는 고개를 끄덕이며 말했다.

"좋죠. 이번 이야기는 좀... 현실적일 거예요. 특히 CEO들이 들어야 할 이야기죠."

Q1. 미국 기업에서 HR의 위상은 어떤가요?

"한국에서 HR은 보통 어디에 붙어 있죠? 관리본부 아래. 미국에서는요? HR이 'C레벨'로 올라가 있습니다. CHRO (Chief HR Officer)."

김유철 인사팀장의 눈이 휘둥그레 진다. 옆에 있는 한승호 실장 역시 흥미로운 눈빛이었다.

"인사부장이 아니라, 경영진이라는 거네예, 선뱀."

"응, 맞아. 미국은 사람을 '비용'이 아니라 '투자'로 보기 때문에, HR이 재무·마케팅과 같은 비중을 갖고 있지."

Q2. 미국 HR의 전형적인 조직 구조는?

"한국 HR은 한 부서가 다 하죠. 채용·교육·급여·복리후생·법무까지."

"미국은 분화가 아주 정교해요."

나는 메모지에 이렇게 적었다.

⁂ 미국 HR의기본구조 (Simplified):

- **People Business Partner (PBP):**
  비즈니스 유닛별 HR 전략 파트너 (ex. Sales HRBP)
- **Talent Acquisition:**
  채용팀 (리크루터·소싱전문가 포함)
- **Total Rewards:**
  급여·보상·복리후생·연봉 벤치마킹
- **L&D (Learning & Development):**
  교육·역량개발·리더십 육성
- **Employee Relations / Labor Relations:**
  징계·고충처리·노사문제 대응
- **HRIS / Analytics:**
  데이터 기반 인사전략 수립

"정말 기업 내에서 작은 컨설팅 펌처럼 움직이네요." 한승호 실장이 감탄하며 말했다.

Q3. 'People Business Partner'는 뭔가요?

"한국에선 HR이 '본사에만' 있죠. 미국은 HRBP가 각 사업부에 파견됩니다."

"현장의 실무팀장, 매니저들과 동등한 위치에서 회의에 들어가요."

"무슨 회의요?"

"예를 들어 생산성이 떨어진다? 영업팀 퇴사율이 높다? 그러면 HRBP가 들어와서 데이터 분석부터 대안까지 제공합니다."

내가 경험한 실제 사례를 들어가며 계속 말을 이어갔다.

"한번은 영업팀 이직률이 너무 높았어요. HRBP가 1:1 면담을 통해 '성과급 시스템의 불공정성'을 파악하고, 보상팀과 협력해 리디자인했죠. 6개월 뒤, 이직률이 23%에서 9%로 떨어졌어요. 이게 미국 HR의 강점이에요. '문제해결자'이자, '사람 중심의 전략가'입니다."

Q4. 한국기업이 미국에 와서 가장 많이 실수하는 부분은?

"단연코 HRBP 없이 본사에서 일방 통보하는 겁니다. 예전에 어떤 한국기업은 미국 공장에 관리자 한 명만 보내고, 모든 인사결정을 본사에서 내려 보냈어요.

'연봉은 이 정도로 해. 복지는 이건 줄 수 없어.'

"그래요? 그라믄 됩니까? 선뱀, 결과가 뭔교?"

나는 씁쓸히 웃었다.

"1년 안에 매니저 세 명 퇴사. 핵심 엔지니어, 경쟁사로 이직. 남은 건 '본사는 현장 모른다'는 불신."

Q5. 미국 HR의 성공조건은 뭘까요?

"두 가지입니다." 첫째, '현장을 읽는 감각'. 사람 얘기 많이 듣고, 변화 신호에 민감해야 해요. 둘째, '데이터로 말하는 힘'. 느낌이 아니라 수치로 이야기해야 경영진도, 현장도 움직입니다."

김유철 팀장도 수긍한다는 표정으로 되물었다.

"선배. 근데 이제 한국 HR도 그렇게 하는 추세다."

"그래, 알아. 내가 말하고자 하는 건, 한국에서처럼 할 수도 있고, 안 할 수도 있고가 아니고, 여기 미국은 반드시 그렇게 해야 한다는 거야. 그래야만 직원들이 납득할 수 있고, 납득이 돼야, 우리가 원하는 조직문화를 만들어 갈 수 있으니깐."

Q6. 끝으로, 한국기업에게 조언을 해주신다면?

"미국 HR은 사람을 돌보는 부서이자, 숫자를 다루는 전략부서입니다. HR을 단순 '행정'으로 두고 싶다면, 미국 시장은 멀게 느껴질 겁니다. 하지만 HR을 '경영의 동반자'로 만들면, 미국 직원들도 충성하고, 시스템도 자연스럽게 정착됩니다."

한승호 실장이 연신 고개를 끄덕이며 바라보았다.

“결국, 조직은 ‘사람’을 통해 움직입니다. HR은 그 사람의 에너지를 끌어내는 레버죠.

그걸 미국은 알고 있고, 시스템으로 만들었을 뿐입니다.”

Scene 2-2.

인터뷰가 끝나며

김유철 팀장이 물었다.

"그럼, 선배. 선배이 그동안 미국에서 생활하시면서 느낀, 미국 HR을 한마디로 정의하신다면 뭐라 카실래예?"

나는 고민하지 않고 말했다.

"사람을 통해 비즈니스를 움직이는 부서."

한승호 실장은 조용히 고개를 끄덕였다.

"이건… 경영진이 꼭 들어야 할 얘기겠네요."

실무 경험 사례 (HR 문화적 차이)

1.
"여기는 왜 HR이 총무업무를 안 하나요?"

미국 법인에 처음 부임한 어느 한국인 법인장이 제게 물었습니다.
"사무실 임대 계약은 누가 하나요? 차량 리스, 보험 갱신, 건물 유지보수 같은 건 HR에서 같이 보시죠?"
한국에서는 HR과 총무가 같은 부서 안에서 움직이는 경우가 많습니다. 인사, 복리후생, 사무실 운영, 비품관리까지 포괄하는 '경영지원팀'의 개념이 강하죠.
하지만 미국에서 HR은 **조직의 전략적 파트너(Strategic Partner)**로 인식되며, '사람'과 '문화' 중심의 업무에만 집중합니다. 사무실 운영은 보통 별도의 Facilities 팀이나 Operations 부서, 또는 외부 업체가 담당합니다.

▶ **HR은 '사람' 다루는 전문가이지, '운영'을 총괄하는 부서가 아닙니다.**

2.
미국 HR 조직은 이렇게 구성됩니다

미국의 중견기업 이상의 HR 조직은 다음과 같은 기능별 분화가 일반적입니다:

구분	주요역할
HRBP (HR Business Partner)	각 부서 또는 조직 단위와 직접 협업. 전략적 조언, 조직문화 구축 등
Recruiter / Talent Acquisition	채용전담. 공고, 소싱, 인터뷰, 온보딩 등
Compensation & Benefits (C&B)	급여, 보너스, 복리후생 설계와 운영
Employee Relations (ER)	갈등조정, 징계, 법적 리스크 관리
HRIS	HR 정보시스템, 데이터 분석
Learning & Development (L&D)	교육훈련, 경력개발, 리더십 프로그램 운영

한국에서는 이런 역할이 한 명 또는 한 부서에 집중되는 경우가 많지만, 미국에서는 역할별로 뚜렷하게 구분되며, **Generalist(범용형)**와 Specialist(전문형) 체계를 병행하거나 선택적으로 운영합니다.

3.
Generalist vs Specialist, 당신은 어디에 해당하나요?

저는 미국에 처음 왔을 때 'HR이라면 당연히 채용도 하고, 교육도 만들고, 평가제도도 설계해야지'라고 생각했습니다.
하지만 막상 현장에 오니, 채용담당자는 채용만, 보상담당자는 보상만 하고 있었죠.
이해가 되지 않아 HR Director에게 물었습니다.
"왜 이렇게 쪼개서 일하나요? 전체 그림을 놓치지 않나요?"
그는 이렇게 대답했습니다.
"우리는 전문가이지, 잡부가 아니에요. 비즈니스 성장을 위해서면 집중과 책임이 먼저입니다."
"이 말이 참 뼈아팠습니다. 그동안 저는 'HR의 멀티태스킹'을 장점이라 여겼지만, 미국에서는 '한 분야에 대한 전문성'이 실력의 기준이었습니다."

▶ **Generalist로 시작하더라도, 미국 HR에서는 언젠가는 Specialist로 분화하거나 HRBP로 성장해야 합니다.**

4.
"HR이 왜 자꾸 데이터를 보자고 하나요?"

어느 날 마케팅 부서의 VP가 불만을 터뜨렸습니다.
"HR이 자꾸 우리 팀의 퇴사율이나 *PTO 사용률, 이직률 트렌드를

* PTO : Paid Time Off (유급 휴일 / 유급 휴가)

달라는데, 그게 HR이 볼 일이에요?"

미국의 HR은 단순한 '관리자'가 아니라, 데이터 기반으로 조직의 건강과 문제를 진단하는 전략적 파트너입니다.

HR은 숫자를 기반으로 경영진에게 제안하고, 개선방향을 도출하며, 그 실행을 이끕니다.

그 중 대표적인 예가 People Analytics입니다.

처음엔 이 문화가 낯설었지만, 나중에는 이런 분석이 CEO의 전략적 판단에 큰 영향을 미친다는 사실을 직접 체험하게 되었습니다.

▶ 미국 HR 실무에서 '감(感)'은 설득력이 없습니다. '데이터'만이 의사결정을 움직입니다.

이런 오해는 피하세요 – 실무자 체크리스트

❶ **미국 HR은 총무업무를 포함하지 않는다.**

→ 시설 · 운영 · 관리업무는 별도의 부서 또는 외주 담당.

❷ **HR 역할은 기능별로 분화되어 있다.**

→ 채용 · 보상 · 교육 · 노사관계가 각각 분리되어 있음.

❸ **데이터 기반 HR이 기본이다.**

→ 보고서 · 지표 · 지표 기반 제안 능력 필수.

❹ **조직의 '비즈니스 파트너'로서의 역할을 기대 받는다.**

→ 단순한 행정이 아닌, 전략적 시각과 제언 중요.

당신에게 전하고 싶은 말

한국에서는 HR이 '잡일을 하는 부서'라는 편견이 있었습니다.
하지만 미국에서는 HR이 **'조직의 미래를 제안하는 목소리'**가 됩니다.
그렇기에 더 큰 책임과 전문성이 요구되죠.
만약 여러분이 미국에서 HR 업무를 하게 되었다면,
**어떤 실무를 처리할 수 있는가?보다,
어떤 조직 전략을 제안할 수 있는가?**를 먼저 생각해야 합니다.
저 역시 처음엔 '사람 일은 감으로 한다'는 한국식 감각에서 출발했지만, 지금은 매주 데이터를 보고 리더와 함께 전략을 설계합니다.
그 변화의 출발은, 이 구조와 역할의 차이를 인정하고 받아들이는 데서 시작됐습니다.

이 장이 여러분에게 HR의 새로운 관점을 여는 계기가 되길 바랍니다.
'사람을 좋아하는 관리자'에서, '전략을 설계하는 파트너'로 거듭나길 응원합니다

Chapter 3

미국식 채용프로세스 완전 해부

"좋은 인재 뽑으려다 소송당할 뻔했습니다"

Scene 3.

뉴저지, 한 사무실에서

“업무 중이신데 일부로 회사까지 초대해 주셔서 너무 감사드립니다.”
한승호 실장이 진심으로 고마워하는 표정이 느껴졌다.
미국 HR 관련된 얘기는 실제 미국 회사 내 HR 미팅룸에서 하면 좀 더 현실적이고 와 닿지 않을까? 싶어 내가 제안했다.
“김 팀장, 어제 니가 전화로 물어본 채용 관련해서, 오늘은 그 얘기를 하면 좋을 것 같아. 그리고 우리 회사엔 채용을 전문으로 하는 Specialist 가 있으니, 그분께 얘기 듣는 게 더 현실적일 거야. 미국 현지인들이 어떤 사고와 개념으로 채용을 진행하는지도 알수 있고.”
“넵, 선뱀. 그러니까네 이번 주제는 미국식 채용이네예, 그라믄 한국 기업이 자주 실수하는 포인트도 꼭 좀 알려주세요.”
나는 커피를 마시며 천천히 말을 꺼냈다.
“채용은 쉬운 일처럼 보여도, 미국에선 조심해야 할 게 한두 가지가 아니에요. 여기는 우리회사 채용담당자 Ms. Arleeta."
"Ms. Arleeta, 여기 한국에서 오신 분들께 미국 HR에서 하는 미국식 채용시스템의 개념과 그 시행프로세스를 설명해 주실 수 있을까요?"
"Sure. In the U.S., hiring is not simply about choosing someone to do the job. It's a process of building mutual trust between the company and the candidate.
That trust comes from a transparent process, fair and respectful interviews, timely feedback, and sincere offers."
(물론이죠. 미국에서 채용은 단순히 적임자를 고르는 일이 아닙니다. 회사와 지원자 간의 신뢰를 쌓아가는 과정으로 여겨집니다.
그 신뢰는 투명한 절차, 공정하고 존중이 담긴 면접, 빠른 피드백, 그리고 진심이 담긴 오퍼에서 비롯됩니다)
그녀는 흔쾌히 설명해 주었다.

Q1. 미국의 채용프로세스는 어떻게 구성되어 있나요?

"전형적인 미국식 채용프로세스를 그려 드릴게요."
그녀는 종이에 간단한 흐름을 적었다.

⁂ 미국식 채용 기본흐름:

① Job Requisition 생성 (채용요청)
② Job Description 승인 (직무기술서)
③ Posting / Sourcing (공고게재 및 후보자 발굴)
④ Resume Screening

⑤ **Structured Interview (전화 + 대면)**

⑥ **Reference Check / Background Check**

⑦ **Offer Letter / Negotiation**

⑧ **Onboarding**

"그런데 이 각 단계마다 '위험요소'가 있어요.

바로 그 얘기를 해볼게요."

Q2. 공고부터 실수하는 경우가 많다면서요?

"맞아요. 예전 회사에서 있었던 일인데요.."

〈20대 젊은 여성 마케팅 사원 모집〉

"이 문구 하나로 EEOC에서 연락이 왔습니다."

김팀장과 한실장은 눈을 동그랗게 뜬다.

"왜냐고요? 'Age'와 'Gender'로 차별을 암시했기 때문이에요. 미국 채용공고는 '누구를 배제하지 않는 문장'이 핵심이에요. 예를 들면 이런 식으로요."

"We are looking for a dynamic marketing professional with fresh ideas. All qualified applicants, regardless of age, gender, or background, are encouraged to apply."

"신선한 아이디어와 에너지를 갖춘 마케팅 전문가를 찾습니다. 연령·성별·배경에 관계 없이 자격을 갖춘 모든 분들의 지원을 환영합니다."

Q3. 면접에서는 어떤 실수를 하나요?

"면접은 진짜 위험한 구간이에요. 질문 하나로 소송당할 수 있어요."

한승호 실장이 물었다. "어떤 질문이 문제였나요?"

"한번은 본사에서 파견 온 이사님이 면접 때 이렇게 물었어요."

– 혹시 결혼하셨나요?

"지원자가 불쾌함을 느끼고 HR에 공식 항의했고, EEOC까지 간 적도 있어요."

"미국 면접에서는 'Personal한 질문'은 절대 하시면 안됩니다.

나이·가족상황·출산계획·종교·병력·이민상태 등."

※ 금지질문 예시:

금지질문	대체질문
"몇 살이세요?"	"이 직무수행에 필요한 자격증은 갖추셨나요?"
"언제 아이 낳을 계획이세요?"	"출퇴근시간 조정이 필요한 상황이 있나요?"
"영주권 있나요?"	"법적으로 미국에서 일할 수 있는 자격이 있나요?"

Q4. 지원자 검증단계에서 주의할 점은?

"미국에선 백그라운드 체크도 민감해요. 특히 신용기록이나 범죄기록 조사."

"지원자 동의 없이 백그라운드 체크를 하면, Fair Credit *Reporting Act 위반으로 소송당할 수 있어요."

김 팀장이 놀라며 묻는다.

"백그라운드 체크도 동의를 받습까? 왜 예?"

"당연하죠. 사전 동의서, 고지서, 거부 시 불이익 없음 안내까지 해야 해요."

실무체크리스트:

❶ **Background check 사전동의서 확보**

❷ **FCRA Disclosure 양식제공**

❸ **Offer 전에 Reference check 완료**

❹ **Criminal record check는 주 법 확인 후 시행 (예: 캘리포니아, 뉴욕은 더 엄격)**

Q5. 채용제안(Offer Letter)은 계약서가 아니라고요?

"맞습니다. 미국은 'At-will employment'가 원칙이기 때문에, Offer Letter에 이건 계약이 아니라 고용조건 설명이라는 문구를 꼭 넣어야 해요."

예를 들면 이런 문구가 포함돼야 합니다:

"This letter does not constitute an employment

* Reporting Act : Fair Credit Reporting Act (FCRA)_ 공정 신용 정보 보고법
신용 정보나 배경 정보(background check)를 기업이 수집,이용, 공유할 때, 개인의동의와권리 보호를 보장하는 법

contract. Employment with the company is at-will and may be terminated by either party at any time _ 본 서신은 고용계약으로 간주되지 않으며, 본 회사와의 고용관계는 '임의 고용(at-will employment)'에 해당합니다. 따라서 고용 당사자 중 어느 쪽이든 사전 통지 없이 언제든지 고용을 종료할 수 있습니다."

"이 문구 하나 빠졌다고, 한 직원이 해고 후 '계약위반' 소송을 걸었고, 회사는 $60,000(한화 약 8,524만2,000원) 합의금을 지급했죠."

Q6. 최종 단계, 온보딩은 어떻게 다르나요?

"한국은 입사 날에 명함 만들고 자리 배정하잖아요?"

"미국은 입사 전부터 모든 게 세팅됩니다.

온보딩은 입사의 연장선이 아니라, '문화 적응과 몰입 유도' 단계예요."

"첫 주에는 회사 미션 설명, 다양성 관련 교육, 성희롱 방지 교육, **HRIS(Human Resource Information System) 등록까지 전부 마칩니다.

성과목표도 미리 정하고요."

** HRIS : (Human Resource Information System) 인사 데이터(입사일, 근무시간, 급여, 성과, 휴가, 교육 이력 등)를 저장, 관리하고, 인사업무를 체계적이고 자동화된 방식으로 지원하는 소프트웨어 또는 플랫폼

Q7. 미국식 채용에서 가장 인상 깊었던 순간은?

"한번은, 면접자가 이렇게 말한 적 있어요."

'I'm also evaluating if this company is a place I want to grow in.("저 역시 이 회사가 제가 성장하고 싶은 곳인지 평가하고 있는 중입니다.")

"깜짝 놀랐죠. 미국에서는 회사도 '지원받는 입장'이라는 걸 그때 처음 실감했어요."

"그래서 미국 HR은 좋은 인재를 뽑기 위해 '어떤 경험을 줄 수 있을까'를 고민합니다.

그냥 이력서 보는 게 아니라요."

Q8. 끝으로, 한국기업에 조언을 해주신다면?

"채용은 계약이 아니라 '관계의 시작'입니다. 미국에서 채용은 법의 시작이고, 문화의 시작이고, 신뢰의 시작이에요. 면접은 '판단'이 아니라 '대화'가 되어야 하고,

Offer는 '통보'가 아니라 '합의'가 되어야 그 사람이 오래 남습니다."

"가장 중요한 건요, '미국식 채용은 사람이 아니라, 제도와 문화까지 보는 과정'이라는 것.

그걸 이해하면 채용 실수도 줄고, 소송도 줄고, 좋은 인재는 따라옵니다."

Scene 3-2.

인터뷰를 마무리하며

한승호 실장은 노트북를 덮으며 말했다.

"채용은 법률도, 감정도, 전략도 다 들어 있는 일이네요."

나는 웃으며 말했다.

"채용은 결국, 회사의 얼굴이거든요."

"우리가 사람을 평가하듯, 그 사람도 우리 회사를 보고 있습니다."

실무 경험 사례 (HR 문화적 차이)

"
좋은인재 뽑으려다
소송당할 뻔했습니다
"

1.
"면접 질문 하나 잘못했다가 EEOC에 신고 당할 뻔 했어요"

제가 미국에 와서 가장 먼저 한 HR 업무는 바로 채용이었습니다.
어느 날, 한국에서 파견된 법인장이 이렇게 물었습니다.
"우리 회사는 워낙 잦은 출장과 야근이 있어서, 결혼 안 한 사람을 뽑는 게 유리할 것 같은데요. 결혼했는지 한번 슬쩍 물어보면 어때요?"
순간, 머릿속이 하얘졌습니다.
"이건 미국에선 명백한 불법 질문입니다."
'결혼 여부'는 Title VII of the Civil Rights Act에 따라 면접에서 절대 물어볼 수 없는 항목 중 하나입니다. 실제로 이런 질문을 했다가 EEOC에 제소된 사례도 주변에 있었습니다.

▶ **미국의 채용은 '공정성'이 생명입니다.**

채용 과정에서의 실수가 법적 분쟁으로 이어지는 건 순식간입니다.

2.
미국 채용 프로세스의 큰 흐름

미국 기업에서는 다음과 같은 채용 절차가 일반적입니다:

단계	설명
① JD 작성 (Job Description)	명확하고 직무 중심적. 자격요건과 업무범위를 정확히 기재
② 공고게시 (Job Posting)	LinkedIn, Indeed, Glassdoor, 자사 홈페이지 활용
③ 지원서수집 및 서류심사	자동 필터링 시스템(ATS) 활용
④ 인터뷰	전화인터뷰 → 1차면접(Zoom) → 대면면접 (Panel Interview)
⑤ 백그라운드체크	범죄이력, 학력 · 경력검증, 드러그 테스트 등
⑥ 오퍼레터 발송	조건명시 (연봉 · 시작일 · 보고체계 등)
⑦ 온보딩	서류제출, 시스템 등록, 오리엔테이션 등

3.
"한국처럼 빠르게 결정하면 안되나요?"

한국은 채용 속도가 빠릅니다.

이력서 검토 후 이틀 내 면접, 다음 날 채용 결정.
그러나 미국에선 이게 **성급하고 불투명한 프로세스**로 비칩니다. 미국 지원자들은 **몇 단계의 인터뷰가 있는지, 얼마나 걸릴지, 합격통보는 어떻게 받는지**를 사전에 안내받는 것을 중요하게 생각합니다.
특히 한 단계를 통과할 때마다 서면 또는 시스템 상의 공식적인 안내가 필요합니다.

▶ **절차와 커뮤니케이션이 느슨하면, '프로페셔널하지 않은 회사'로 낙인 찍힙니다.**

4.
"우리 회사가 H-1B 비자를 스폰해줄 건가요?"

미국에서 외국인을 고용하려면 흔히 말하는 H-1B 비자 스폰서가 필요합니다.
많은 우수 인재들이 이 질문을 면접 중에 합니다.
그런데 어떤 한국기업은 이런 질문에 이렇게 대답했습니다.
"음… 나중에 우리 인사팀에서 연락드릴게요. 지금은 뭐 확답 못 드려요."
지원자는 이 회사에 대한 신뢰를 잃었고, 오퍼를 수락하지 않았습니다.

▶ **미국의 유학생이나 외국인 노동자들은 '비자지원 여부'가 입사결정의 핵심 요소입니다.**
즉답이 어렵더라도 내부 가이드라인과 가능성 정도는 명확히 커뮤니케이션 해야 합니다.

5.
채용이 '감정'이 아닌 '근거'가 될 때

처음 미국에서 채용을 하던 시절, 한국식으로 '느낌 좋은 사람'을 뽑으려 했습니다.
그러던 어느 날, 미국인 인터뷰어가 제게 정색하며 말했습니다.
"Do you have a structured interview rubric? Otherwise this might be viewed as a subjective process."(구조화된 면접평가 기준표가 있나요? 그렇지 않으면 이 과정이 주관적으로 보일 수 있습니다.)
그 말을 듣고 뼈저리게 느꼈습니다.
미국에서는 감정이 아닌 '평가기준'이 채용의 핵심입니다.
질문리스트, 평가매트릭스, 각 항목에 대한 점수기준이 없으면
'불공정 채용'이라는 의심을 받게 됩니다.

▶ **이후 모든 채용 인터뷰에 대해 **Structured Interview Sheet(체계적인 면접질문·평가양식)**를 만들고, 모든 면접관에게 사전 브리핑을 진행했습니다.**

미국 채용 실무, 이렇게 준비하세요 – 체크리스트

❶ Job Description은 명확하고 직무 중심적으로 작성할 것

→ '성격 좋고 책임감 있는 사람' 같은 추상적 표현은 금지

❷ 면접 시 불법 질문 주의

→ 나이 · 결혼 여부, 출신 국가 · 종교 · 병력 · 가족계획 등 금기

❸ Structured Interview Sheet 만들기

→ 질문기준, 평가기준, 메모공간 포함

❹ 채용 전 과정을 이메일 또는 시스템으로 명확히 안내할 것

→ Interview Guide, Timeline, Status 업데이트 필수

❺ H-1B 등 외국인 고용 가능 여부를 미리 정리해 둘 것

→ 입사 가능성 있는 지원자에 대한 답변준비 필요

● ● ● ● ● ● ● ● ● ●

당신에게 전하고 싶은 말

미국에서 채용은 단순히 '사람을 뽑는 일'이 아닙니다.

회사와 지원자 모두가 '신뢰'를 쌓아가는 하나의 여정입니다.

그 신뢰는 절차의 명확함, 질문의 공정성, 피드백의 신속함, 그리고 오퍼의 진정성에서 나옵니다.

저는 그 과정을 몰라서, 정말 괜찮은 인재를 잃어버린 적이 한두 번이 아닙니다.

심지어 잘못된 면접 방식 때문에, 변호사에게 상담받을 뻔한 일도 있었습니다.

그래서 이 장을 읽는 여러분만큼은 **그때 누가 좀 알려줬으면 좋았을 걸…**이라는 후회를 하지 않기를 바랍니다.

잘 구조화된 채용은 최고의 인재를 데려오는 시작점입니다.

이 장이 그 시작을 좀 더 단단하게 만들어 드릴 수 있기를 바랍니다.

Chapter 4

미국의 인사평가 시스템과 성과관리

"성과가 애매한 사람에게
뭐라고 못 하겠어요…"
"당신의 평가는 연말이 아니라,
오늘 결정됩니다"

미국식 성과관리시스템의 철학과 실무

Scene 4.

브루클린의 한 벤처오피스에서

"심 매니저님 얘기를 듣다보니, 제가 다 HR에 관심이 생기는데요. 하하하."

"얘기가 흥미로우셨다고 하니 제가 더 감사합니다."

"선배.. 이번에는 어떤 주제입니까? 채용 나왔으니까네, 인자 평가해야 겠지예~"

김 팀장이 커피잔을 내려놓으며 물었다.

"응, 그럴까?" 나는 고개를 끄덕이며 말했다.

"한국에선 연말에 한 번 평가하는 경우가 많잖아요. 미국은 뭐가 다를까요?"

한승호 실장은 '또 무슨 차이가 있을까?' 하는 궁금증 가득한 얼굴로 물었다.

"많이 다르죠. 미국은 '성과관리'가 일상이니까요." 나는 웃으며 고개를 끄덕였다.

Q1. 미국식 인사평가는 어떤 시스템인가요?

"한국에서는 연말이 되면 일단 '점수 매기기'부터 시작하죠.미국은 그렇지 않아요.

미국 HR의 핵심은 '과정 중심의 평가 + 지속적인 피드백'이에요. 성과를 숫자로만 보는 게 아니라, 목표 설정 → 중간 점검 → 코칭 → 피드백 → 최종 리뷰까지 과정을 관리하는 것이 평가의 핵심입니다."

⁂ 미국식 성과관리 흐름 예시

① **Goal Setting (SMART 목표설정)**
② **Ongoing Feedback (주간·월간 리뷰)**
③ **Mid-Year Review (중간 성과점검)**
④ **360-Degree Feedback (다면평가)**
⑤ **End-Year Performance Review**
⑥ **Compensation Calibration (성과연계 보상)**

Q2. 목표는 구체적으로 어떻게 설정하나요?

"미국은 목표설정 단계부터 엄청 꼼꼼해요.

'SMART Goal'이라는 프레임워크를 사용해요."

⁂ **SMART Goal 예시**

항목	예시
Specific	Increase client retention rate by 10%
Measurable	Measured monthly via CRM
Achievable	Based on historical avg. of 8%
Relevant	Linked to department OKRs
Time-bound	To be achieved by Q4

"한번은 한 미국 매니저가 제 목표를 보고 이렇게 말했어요."

"이건 그냥 바람(Wish)이지, 목표(Goal)가 아니에요."

"그때 충격이었죠. 그런데 그 말이 맞더라고요."

Q3. 피드백이 그렇게 자주 오간다면서요?

"미국은 '연말 평가'라는 개념보다 '실시간 피드백'이 더 중요해요."

"예를 들어, 어떤 프로젝트 마무리한 다음 날, 매니저가 Slack(기업용 채팅 + 협업 플랫폼)으로 이런 메시지를 줍니다."

'Your data summary was clear and client-ready. One thing – be careful with the tone when challenging others in meetings.'(당신의 데이터 요약은 명확했고, 고

객에게 바로 보여줘도 될 만큼 잘 정리되어 있었어요. 한 가지 - 회의에서 다른 사람에게 이의를 제기할 때는 말투에 주의하세요.)

"짧지만 정확하죠.

미국식 피드백은 '긍정 + 개선 포인트'를 함께 줍니다.

그리고 이게 성과평가의 자료가 됩니다."

Q4. 다면평가(360 피드백)는 어떻게 진행되나요?

"한번은 내가 직접 보고하던 매니저,

같은 팀 동료, 협력하던 다른 팀 직원까지

전부가 나에 대해 평가서를 작성한 적 있어요."

"선배, 그거 불편하지 않씀까? 한국에서도 다면평가 조매 하다가 관뒀다 아님까?"

"불편하지, 근데 그게 핵심이야. 일은 상사만 보는 게 아니기 때문에, 평가도 다각도로 해야 공정하다는 문화야. 한국은 아직 이런 문화적 공감대가 잘 형성되어 있지 않으니깐, 처음 설계했던 방향이랑 차이가 나는 거고, 설령 맞춰 간다 하더라고 이질감 느끼고 그러는 거야."

"그라믄 부정적 피드백이 있으면, 어떻게 함까? 경고주고 그러는 갑지예?"

"미국 HR은 그걸 코칭자료로 쓰지, '징계'로 연결하진 않아. 이게 중요한 포인트입니다."

Q5. 보상과는 어떻게 연결되나요?

"미국은 성과에 따라 연봉·보너스·스톡옵션까지 차등 지급이 분명합니다."

"예전 회사에서는 평가등급이 이랬어."

- **Top 10%: 연봉 8~10% 인상 + 보너스**
- **Middle 70%: 평균 2~3% 인상**
- **Bottom 10%: 경고 및 PIP(Performance Improvement Plan)**

"보상은 '기여도'에 따라 정확히 설계돼야 한다는 철학이죠. 미국 직원들은 이것에 아주 민감합니다."

Q6. *PIP는 해고 예고제인가요?

"그렇게 보이기도 하지만, 원래 의미는 다릅니다.

PIP는 개선의 기회를 주는 공식 문서예요.

단순히 성과가 낮다고 바로 해고하는 게 아니라,

30~90일간 구체적인 개선계획을 공유하고, 주간 리뷰를 통해 지원합니다."

"한 직원은 PIP 기간 동안

'매주 목표달성 체크리스트'를 작성하고,

매니저와 직접 1:1 미팅하면서 성공적으로 개선되었어요."

* PIP : Performance Improvement Plan (성과개선 계획 또는 업무성과 향상 계획)
직원의 업무성과나 태도가 기대수준에 미치지 못할 때, 그것을 개선하기 위해 일정 기간 동안 구체적인 목표와 지원을 제공하는 공식적인 문서이자 절차

"이건 미국 조직의 신뢰 문화가 반영된 거예요.
'성과가 나쁘다고 사람을 버리는 게 아니라, 먼저 도와준다'는 거죠."

Q7. 한국기업이 실수하는 부분은?

"연말에 '깜짝 평가'하는 거요. 직원이 '뭘 잘못했는지 모른 채' D등급을 받아요."
"미국 직원이 그랬다면요? 아마 HR에 정식 항의 들어옵니다.
'왜 아무 경고도 없이 이렇게 낮은 평가를 했느냐'고요."
"또 하나, 보상연계 없이 점수만 주는 평가도 문제예요.
미국에서는 **성과가 돈으로 연결되지 않으면, 인정받지 않은 것**으로 여겨져요."

Q8. 미국식 성과관리를 한 문장으로 표현한다면?

"성과관리는 '연말행사'가 아니라, '대화를 통해 성장하는 과정'입니다.
오늘의 대화가 다음 프로젝트의 성과가 됩니다."

Scene 4-2.

인터뷰가 끝나며

한승호 실장은 조용히 노트를 덮으며 물었다.

"그럼 미국 HR은 어떻게 좋은 평가를 주나요?"

나는 미소 지으며 말했다.

"좋은 평가란, 좋은 질문에서 나옵니다. '너 왜 이걸 못했냐'가 아니라, '내가 도와줄 수 있는 건 뭐였을까'라는 질문 말이에요."

한승호 실장은 고개를 끄덕이며 중얼거렸다.

"성과관리는… 결국 리더십이네요."

실무 경험 사례 (HR 문화적 차이)

1.

"요즘 일 안 하는 것 같은데,
평가를 나쁘게 하면 퇴사할까봐 걱정돼요."

미국 법인에 근무하던 초기, 제가 담당하던 세일즈 매니저 한 명이 있었습니다. 성과도 없고 팀원 피드백도 좋지 않았지만, 법인장은 이런 말을 했습니다.

"이 친구가 몇 년간 고생해서 우리 문화에 적응한 사람인데… 나쁘게 평가하면 나가버릴까봐 걱정이에요."

한국에서는 팀 분위기나 인간관계가 평가에 크게 작용하지만,
미국은 성과 중심 시스템입니다. '느낌'이 아니라 '데이터와 기준'으로 평가하지 않으면, 오히려 '불공정 인사'라는 오해를 받을 수 있습니다.

▶ **미국에서 인사평가는 '공감'이 아닌 '근거'가 생명입니다.**

2.
미국의 인사평가: "Objective + Continuous Feedback"

미국기업에서 일반적인 성과관리 방식은 다음과 같습니다:

시스템	주요특징
Goal-based 평가 (SMART Goals)	구체적, 측정가능, 달성가능, 관련성, 기한 기반으로 목표설정
Rating Scale (1~5 등급)	각 목표나 역량에 대한 점수 매기기
Quarterly 또는 Mid-Year Review	연 1회 평가 대신 정기적인 피드백 문화
Self Review + Peer Review	자기평가와 동료피드백 병행
Performance Improvement Plan (PIP)	성과 저조자 대상 개선계획서 운영

미국에서는 1년에 한 번 평가하는 것이 아니라,
매 분기 또는 최소 반년에 한 번, 관리자와 직원이 1:1로 성과 피드백을 나누는 것이 기본입니다.
이것이 '직원이 갑자기 해고됐다'는 충격을 줄이고, 예측 가능한 성장 경로를 만드는 핵심입니다.

3.
"한국에서는 그냥 다 B+ 주면 평화로웠어요."

한국에서 근무하던 시절, 저는 모든 직원에게 B+에서 A- 사이의 평가를 줬습니다. 큰 문제가 없어 보였고, 반발도 없었기 때문입니다. 하지만 미국에서는 그게 '무능한 매니저'로 평가받는 신호일 수 있습니다.

실제 있었던 일입니다.

한 미국 본사 HRBP가 제게 말했습니다.

"All your employees got almost the same rating. So are they really performing at the same level? Or are you avoiding tough conversations?(당신 팀의 모든 직원이 거의 동일한 평가를 받았어요. 그들이 정말로 같은 수준의 성과를 내고 있는 건가요? 아니면 어려운 대화를 피하고 있는 건가요?)"

▶ **미국에서는 **평가 분포(Performance Distribution)**가 존재해야 합니다. 성과가 좋은 사람, 보통인 사람, 개선이 필요한 사람을 나누지 않으면, **성과에 따른 보상체계(Performance-based Bonus)**도 무너집니다.**

4.

"성과 낮은 직원에게 피드백을 못 주는 관리자, 문제입니다."

한 부서에서 2년간 성과가 낮은 직원이 있었습니다.

그런데 매번 리뷰에서 'Average'만 주고 넘어갔고, PIP도 시행되지 않았습니다.

결국, 이 직원은 해고되자 불만을 제기했고,
내가 한 번도 경고나 개선 피드백을 받은 적이 없다며 법적 절차까지 가게 되었습니다.
회사는 결국 합의금을 지불했습니다.
이 사건을 겪으며, 저는 '피드백을 주지 않는 것'이 직원에게 더 큰 상처를 줄 수 있다는 걸 절감했습니다.

▶ **정기적인 피드백, 문서화된 기록, 명확한 개선 요청, 이 세 가지가 미국 인사평가의 핵심입니다.**

미국식 성과관리, 이렇게 하세요 - 실무자 체크리스트

❶ **목표설정은 SMART 방식으로!**

- 예: "고객 만족도 80% 이상 유지", "3건 이상 신규계약 체결" 등
- 모호한 목표(X): "고객에게 친절히 응대할 것"

❷ **정기적인 1:1 피드백 미팅 진행**

- 최소 분기 1회, 기대성과와 실제성과 비교 설명

❸ **Self-Review와 Peer Review 병행**

- 직원 스스로 돌아보게 하고, 팀 동료 의견도 반영

❹ **문서화는 철저하게**

- 이메일 · HRIS에 리뷰 내용, 날짜, 직원 반응 등 기록

❺ **성과 미달자는 PIP로 명확히 개선 유도**

- 개선항목, 기한, 측정방법까지 명확히 명시

• • • • • • • • • •

당신에게 전하고 싶은 말

솔직히 말하자면, 저도 처음에는 미국식 평가가 버거웠습니다.
피드백을 주는 게 불편했고, 사람을 등급 매기는 것이 익숙하지 않았습니다.
하지만 시간이 지날수록 느꼈습니다.
정확한 평가와 피드백이야말로 직원에 대한 진짜 배려라는 것을요.
직원들도 내가 정직하게 평가하고 있다는 걸 알게 되면, 오히려 더 깊이 신뢰하게 됩니다.
그리고 한 가지 확실히 말씀드릴 수 있는 건, 미국 HR에서 성과관리는 선택이 아니라 '시스템'이라는 점입니다.
이 시스템을 제대로 이해하고 구축해야만, 당신의 조직은 흔들리지 않습니다.

Chapter 5

보상과 복리후생 실무의 핵심 포인트

"이거, 세금 문제로 회사까지 위험해질 뻔했어요"

"같이 일할 땐 서로 존중하고, 헤어질 땐 서로 깔끔하게"

미국의 보상 • 복리후생 시스템과 Exit 전략

Scene 5.

보스턴, 어느 회계법인 옆 카페

“선뱀, 오늘은 미국 HR에선 직원들 보상과 복리후생을 어떻게 설계하고 운영하는지 좀 알카주소~ 예” 김 팀장이 특유의 넉살 좋은 사투리 말투로 화두를 던졌다.

“오늘 주제는 좀 어려운 주제네. 불편한 사항들이 많이 나올텐데..” “ 한승호 실장은 마실 것도 시키지 않고 본론부터 꺼냈다.

“어느 지인분께서 얘기해 주시던데, 미국에서 직원을 ‘잘 챙기는 것도 중요하지만, 또 그거 못지않게 잘 떠나보내는 게 더 중요하다고요.”

나는 고개를 끄덕였다.

“사실 이게 제일 중요하죠. 미국에서는 ‘채용보다 해고가 더 리스크’ 니까요.”

Q1. 미국에서 직원 보상은 어떤 기준으로 정하나요?

"한국은 연봉은 직급, 복지는 회사 규모에 따라 가는 경우가 많죠?"
"미국은 철저하게 '시장가 기준'입니다. 한번은 엔지니어를 채용하려 했는데, HR이 이 자료를 가져왔어요."

- ***Glassdoor 기준 샌디에이고 지역 평균: $92,000**
- ****Radford Data 기준 동일직무 상위 25%: $105,000**
- **기존 사내 동일직급 평균: $98,000**

"이 세 수치를 기반으로, 후보자에게 $100,000 제안했어요."
"보상은 감이 아니라, 데이터와 타당성으로 접근해야 합니다."

Q2. 복리후생은 꼭 있어야 하나요?

"미국에서 '베네핏 없는 회사'는 사람을 못 뽑습니다."
"특히 헬스보험, ***401(k), 유급휴가, 하이브리드 근무는 기본 중 기본입니다."
"그리고 ****HSA나 401(k)는 직원 입장에선 절세, 회사

* Glassdoor : 전·현직 직원들이 올리는 회사 리뷰, 연봉 정보, 면접 경험 등을 누구나 볼 수 있도록 공개한 웹사이트
** Radford : 미국의 글로벌 보상 컨설팅 회사인 Aon 산하에 있는 전문 보상 데이터 서비스
*** 401(k) : 은퇴를 대비한 장기 저축 + 회사 지원
**** HAS : Health Savings Account (의료비용을 위한 단기 + 세금혜택 저축)

입장에선 리텐션 강화입니다.

미국 직원들이 이걸 얼마나 따지는지 아세요? '베네핏 비교표' 들고 면접 옵니다."

***** 핵심 복리후생 항목 (2020년 기준):**

항목	설명	세무혜택 여부
Health Insurance	직원과 가족 포함	• 회사는 세금공제 가능
401(k) Matching	퇴직연금 매칭 3~5%	• 세금유예
PTO (유급휴가)	평균 15일, 증가추세	• 직접 공제없음
HSA (건강저축계좌)	세전 건강지출 계좌	• 법인세 절감

Q3. 성과급은 어떻게 운영하나요?

"성과급은 '투명성'이 생명입니다. 얼마를 어떤 기준으로 지급하는지 미리 공개해야 해요."

"한번은 이런 일이 있었어요."

마케팅 팀 성과급을 3%씩 주기로 했는데,

팀장한테는 몰래 10%를 더 얹어줬어요.

이게 직원 사이에서 돌아다니다가 결국 내부고발.

HR이 감사를 시작했고, 신뢰는 무너졌죠.

"그 뒤로 성과급 테이블, 기준, 평가지표는 전 직원에 오픈합니다.

미국에선 '공정하게 주지 않으면, 아예 안 주는 게 낫다'는 게 정설이에요."

Q4. 직원이 회사를 떠날 때, 무엇을 가장 조심해야 하나요?

"해고는 절차와 문서가 생명입니다. 감정적인 말 한마디, 서류 하나 누락되면 바로 고소입니다."

"한 기술팀 직원이 계속 성과가 낮았어요. 매니저가 '그만 두는 게 좋지 않겠냐'고 말했어요.

그런데 PIP도 없었고, 경고장도 없었고, 면담기록도 없었죠."

"결과요? 직원이 '암묵적 강요에 의한 해고'라며 소송 제기. 회사는 $80,000(한화 약 1억 1,366만 4,000원)에 합의했습니다."

⁂ 안전한 퇴직절차:

① 최소 2회 이상 공식 경고

② PIP (Performance Improvement Plan) 30일 이상

③ 서면기록 보관

④ 해고사유 설명 및 Exit Interview

⑤ Final Pay (마지막 급여 및 잔여 PTO 정산)

⑥ *COBRA 안내 (의료보험 유지 가능 안내)

Q5. '좋게 헤어지는 법'도 있나요?

"미국 HR에서는 'Respectful Exit'이란 개념이 있어요."

"한번은 어떤 직원을 해고해야 했는데,

그가 회사를 위해 기여한 걸 매니저가 정리해서, 마지막

---

* COBRA : Consolidated Omnibus Budget Reconciliation Act(통합 예산 조정법)
  기존 회사 건강보험을 본인이 비용을 내고 일정 기간 유지할 수 있게 해주는 제도

날 팀 미팅에서 짧게 발표했어요."

"We appreciate what Alex built here — the CRM system you designed still runs our client success. (Alex 당신이 우리 회사에서 이뤄낸 일들에 깊이 감사드립니다. 당신이 설계한 CRM 시스템은 여전히 우리 고객 성공의 중심에서 잘 돌아가고 있습니다)"

"그 직원, 나가면서 '이 회사 덕분에 많이 배웠다'고 하더라고요. 그리고 1년 뒤, 우리 고객사 HR 매니저로 다시 연락이 왔습니다."

"헤어짐도 브랜드입니다. 미국에선 '나간 직원이 회사의 대사'가 될 수도 있어요."

Q6. 세금 문제는 어떻게 연결되나요?

"많은 한국기업이 모르고 지나치는 게 있어요.

⁂ 경영자가 알아야 할 보상•세금 연관 포인트:

항목	직원	회사	세무전략
Health Premium	비과세	공제가능	IRS Section 125
401(k) Employer Match	비과세	공제가능	ERISA 규정
Bonus	과세	공제가능	지급시점 기준처리
Severance	과세	공제가능	계약서명 시 필수
HSA Employer Contribution	비과세	공제가능	Limit 준수

바로 복리후생 항목의 세무처리 방식입니다."

"이걸 모르고 복리후생비를 단순 '급여'처럼 처리하면, 불필요한 세금이 발생하거나 IRS 감사 대상이 됩니다."

Q7. 한국기업이 미국에서 실수하지 않으려면?

"두 가지 조언만 드릴게요."

"첫째, '보상은 공정성, 복지는 신뢰'라는 걸 명심하세요. 약속했다면 지켜야 하고, 기준은 공유해야 합니다."

"둘째, '해고는 법률행위'라는 걸 잊지 마세요. 아무리 성과가 나빠도, 그걸 증명하지 못하면 그건 해고가 아니라 '차별'이 될 수 있어요. 퇴사 프로세스를 두려워 말고, 시스템으로 관리하세요. 그게 미국 HR의 기본입니다."

Scene 5-2.

인터뷰 종료 후

다소 진이 빠진 듯한 표정으로 한승호 실장은 조용히 커피잔을 내려놓았다.

"그동안 '복리후생'은 그냥 플러스 알파라고만 생각했어요."

나는 웃으며 말했다.

"미국에선 복지가 전략이고, 해고가 커뮤니케이션입니다. 돈을 어떻게 주느냐보다,

왜 그렇게 주는지를 직원과 공유하는 게 진짜 보상이에요."

한승호 실장은 고개를 끄덕이며 조용히 읊조리고 있었다.

"정말… '좋게 헤어지는 것은 기술'이네요."

실무 경험 사례 (HR 문화적 차이)

1.
미국에서 직원과 잘 일하고, 잘 헤어지는 법

"이 사람, 연봉 8만 불 부르면 될까요?"

한국에서 막 미국에 진출한 한 대표님이 제게 물었습니다.

"이 친구, 경력 4년이면 한 8만 불 정도면 되겠죠?"

그래서 제가 되물었습니다.

"지역은요?"

"아… 그건 뉴욕입니다."

"…"

그 순간 머리를 감싸쥐고 싶었습니다.

▶ **미국은 **직무(Job)**뿐 아니라 **지역(Location)**에 따라 연봉의 기대치가 크게 다릅니다.**

뉴욕·샌프란시스코·시애틀 같은 지역은 물가와 생활비가 높기 때문에 같은 직무라도 연봉기준이 20~30% 더 높습니다.

게다가 미국 직원들은 기본적으로 **급여를 협상대상**으로 여깁니다.

2.
미국식 보상체계의 구성요소

미국의 연봉은 단순한 **기본급(Base Salary)**이 아닙니다. 다양한 구성요소가 섞여있고, 이를 명확히 구분하여 설명해야 신뢰를 얻을 수 있습니다.

항목	설명
Base Salary	기본급. 보통 연간 연봉 단위로 제시 (예: $85,000/year)
Bonus	성과 기반 보너스 (Annual/Quarterly)
Equity	스톡옵션 · RSU 등 주식 기반 보상
Benefits	의료보험, 401(k), 유급휴가, WFH 옵션 등
Perks	간식 · 교육비 · 장비비 등 '부가 혜택'

▶ **미국 직원들은 단순히 연봉 액수만 보는 것이 아니라,**
****Total Compensation (총보상)**을 기준으로 판단합니다.**

3.
"스톡옵션 줬는데… 나중에 소송당할 뻔 했어요."

어느 스타트업에서, 한국 본사의 스톡옵션 제도를 미국 직원에게도 동일하게 적용했습니다.

그런데 조건이 불명확했고, IRS 신고가 누락된 채 스톡이 행사되면서 해당 직원은 세금 폭탄을 맞았습니다.
결국 회사에 책임을 묻겠다고 나섰고, 외부 회계 법무법인을 동원해 수천 불의 합의금을 주고 마무리한 적이 있습니다.

▶ **미국 내 보상은 반드시 현지 법률과 세무기준에 맞춰 설계되어야 합니다.**

4.
복리후생은 '기대'가 아닌 '기준'입니다.

미국에서는 직원들이 생각하는 '좋은 회사' 기준이 명확합니다.

항목	기본 기대수준	우수기업 기준
의료보험	직원 100% 커버, 가족은 50% 이상	직원+가족 100%, Dental/Vision 포함
401(k)	매칭 3~4% 수준	6% 이상 매칭, Roth 옵션제공
PTO(유급휴가)	연 10~15일	20일 이상, 병가 · 자원봉사휴가 포함
Remote Work	주 1~2회가능	Fully Remote 혹은 하이브리드
교육비	연 $1,000~2,000	무제한, 인증 프로그램까지 지원

한번은 제가 PTO 규정을 10일로 정한 적이 있었습니다.
그러자 시카고 출신 지원자가 이렇게 말했습니다.
"저는 전 직장에서 20일을 썼는데, 10일은 좀 실망스럽네요."

▶ **미국 직원들은 '경쟁사 수준의 복지'가 아니면 이직을 고려합니다.**

'우리 회사는 아직 작아서…'라는 말은 변명이 되지 않습니다.

5.
"Offer Letter에 있는 숫자, 이거 Gross에요 Net에요?"

한국에서는 연봉을 '세전 기준'으로 말하지만,
미국에서는 지원자들이 급여 제안을 받을 때 종종 이렇게 묻습니다.
"Is this before or after taxes?"
왜냐하면, 세금·보험료·401(k) 등 각종 공제를 거치면 실수령액이 큰 차이를 보이기 때문입니다.
그래서 저는 모든 Offer Letter에 아래와 같은 주석을 추가합니다:
"This is a gross salary offer. Your net pay will depend on applicable federal, state, and local taxes and your benefits selections."

▶ **Offer Letter는 명확하고 구체적이어야, 나중에 오해나 분쟁을 방지할 수 있습니다.**

미국 보상 · 복리후생 실무 체크리스트

❶ **급여는 시장 평균을 벤치마킹해서 제시하자**

→ Glassdoor, Levels.fyi, Robert Half Salary Guide 등 활용

❷ **Total Compensation 구조로 설계하자**

→ 기본급 + 보너스 + 스톡 + 복지 명확히 제시

❸ **스톡옵션은 반드시 회계 · 세무 전문가와 설계할 것**

→ 409A 평가, Vesting 조건, 행사가격 등 명확화

❹ **복리후생은 '경쟁사 수준' 이상으로 설계하자**

→ 특히 의료보험과 401(k) 매칭은 채용 경쟁력 좌우

❺ **Offer Letter에는 조건과 책임을 명확히 기재**

→ 급여, 시작일, 고용형태(At-will), 수당 포함 여부 등

● ● ● ● ● ● ● ● ● ●

당신에게 전하고 싶은 말

미국에서 처음 보상 시스템을 설계할 때,
저는 "한국에서 하던 대로" 해도 괜찮을 줄 알았습니다.
그 결과는 예상보다 훨씬 큰 문제로 돌아왔습니다.
미국의 보상은 단순한 숫자가 아닙니다.
신뢰, 기대, 법적 보호의 총합입니다.
내가 무심코 적은 제안서 한 줄이,
어떤 직원에게는 삶의 안정성과 미래의 방향을 결정짓는 결정적 문장이 됩니다. 한국식 연봉 중심 사고를 버리고, 미국식 Total Compensation 사고로 전환하는 것,
그게 미국 HR의 출발점입니다.

Chapter 6

미국의 근무시간, 휴가, 유연근무 실전 운영법

"9 to 6 아닌데
왜 자꾸 앉아 있으라고 하시죠?"

"이 회사는 왜 3시에 퇴근하나요?"

미국의 근무시간, 휴가, 유연근무제도와 문화

Scene 6.

시애틀 다운타운, 한 공유오피스에서

"이건 개인적으로 궁금해서 묻는 말인데요. 매니저님. 이런 거 물어봐도 되나?"

한승호 실장이 노트북을 열면서 웃으며 물었다.

"미국에서 일하면… 다들 일찍 퇴근하던데요? 일은 언제 하죠?"

나는 피식 웃었다.

"일을 어떻게 하는지가 중요하지, 언제까지 하는지는 덜 중요하죠. 이게 미국식 근무 문화의 핵심이에요."

Q1. 미국의 기본 근무시간은 어떻게 되어 있나요?

"미국 대부분 회사는 기본적으로 주 40시간 근무를 기준으로 합니다.

근무시간은 보통 월~금, 하루 8시간."

"하지만 여기서 중요한 건 **고정 근무시간보다 '유연함의 정도'**예요."

"예를 들어, 한 테크기업에서는 이렇게 운영했어요."

⁂ 사례: 샌프란시스코 소재 IT기업

- **출근시간: 오전 7시~10시 사이 자유**
- **퇴근시간: 근무 8시간 채우면 퇴근**
- **매주 수요일은 재택근무 권장일**
- **주요 회의시간은 11am~3pm 사이 배치**

"이게 바로 미국식 'Core Hour + Flexible Hour' 시스템이에요."

Q2. 초과근무(Overtime)는 어떻게 관리하나요?

"미국은 '시간제(Non-exempt)' 직원과 '연봉제(Exempt)' 직원을 다르게 봐요."

"Non-exempt 직원은 연방법령상 초과근무수당 지급이

⁂ 실제 사례: 초과근무 수당 누락 사례

- **직원이 퇴근 후 이메일로 30분 보고서 작성**
- **매일 15~30분씩 반복되었지만, 회사는 별도 보상 없음**
- **결국 직원이 *DOL(노동부)에 신고**
- **약 $18,000 초과근무수당 소급 지급 + 벌금 부과**

* DOL : Department of Labor (미국 노동부)

의무예요."

"예전에 제가 일하던 물류회사에서 있었던 일인데요…"

"미국은 '몰랐다'는 게 변명이 안 됩니다.

일을 했으면 시간과 장소 상관 없이 수당을 줘야 해요."

Q3. 유급휴가는 어떻게 운영되나요?

"한국은 법적으로 연차일수 정해져 있죠.

미국은 연방 차원에서는 유급휴가 의무 없음이에요."

기자가 놀라며 물었다.

"아니요? 연차의무가 없다고요?"

"맞아요. 대신 기업마다 자체적으로 제공합니다.

보통 신입 기준 10~15일, 이후 근속연수에 따라 증가합니다."

⁂ 사례: 보스턴 바이오 기업

근속연수	PTO 일수	병가(Sick Leave)	기타
0~2년	15일	5일	11개 연방 Holiday
3~5년	18일	5일	생일 당일 유급휴가
6년 이상	20일	5일	추가 3일 유급

"요즘은 'Unlimited PTO'라는 제도도 많아졌어요.

무제한 휴가, 단 실적과 팀 승인만 받으면 언제든 가능하다는 거죠."

Q4. 유연근무제는 얼마나 보편화되어 있나요?

"코로나 이후 가장 큰 변화 중 하나가 바로 유연근무제입니다."

"제가 도와드린 한 한국계 기업이 있어요.
미국 지사에선 재택근무를 완전 폐지하려 했죠.
그런데 결과가 어떻게 됐는지 아세요?"

✖ 실패사례: 뉴저지 소재 한국계 제조기업

- **미국 직원 대부분 '하이브리드' 선호**
- **갑자기 사무실 100% 복귀 지시**
- **2개월 내 5명 이직, Glassdoor 평가 2.3점 하락**
- **이후 일부 재택을 허용하며 수습**

"미국에선 재택이 권리가 아니라 옵션이지만,
그걸 무시하면 리텐션에 큰 타격이 옵니다."
"요즘은 3-2제(3일 사무실, 2일 재택),
*Full-remote, 지역제한 없는 근무제도도 많습니다."

Q5. 한국기업이 가장 어려워하는 지점은?

"명확하게 말할게요.
'보여주는 근무'를 중시하면 미국에선 실패합니다."

* Full-remote : 100% 원격(재택)으로만 근무하는 형태 / 사무실 출근 없이 어디서든 자유롭게 일하는 방식

"한국에선 상사가 앉아 있으면 부하가 일찍 못 나가잖아요?

미국에선 오히려 그렇게 하면 '리더십 부재'로 비춰져요."

⁂ **반면 사례: 실리콘밸리 한 테크기업**

- **팀장이 오후 4시 퇴근 후 Zoom 로그오프**
- **남은 직원들도 자율 종료**
- **대신 결과물 중심 보고**
- **매주 월요일 성과 브리핑 15분으로 대체**

"미국 직원들은 '일한 시간'이 아니라
'무엇을 달성했는가'를 기준으로 평가받길 원합니다."

Q6. 미국 진출 시 이질감을 극복하는 방법은?

"한국식 조직은 시계열 기반,
미국식 조직은 성과 중심의 블록 시스템이에요."
"이걸 이해 못하면 다음과 같은 충돌이 일어납니다."

⁂ **문화충돌 예시**

상황	한국식 해석	미국 직원 반응
오전 9시 미팅 무단 불참	무례, 책임감 부족	자율근무제인데 왜 통제?
매일 보고서 요청	성실성 확보	신뢰부족, 마이크로매니징
휴가철에도 메일 요구	책임감	업무침해, Work-life 무시

⁂ **극복가이드:**

① **근무 가이드라인 투명하게 공유**
② **성과 중심 커뮤니케이션으로 전환 (KPI 기반)**
③ **출퇴근 감시 대신 '결과 중심 리뷰' 도입**
④ **'시간'보다 '달성도' 기준으로 보상설계**

Q7. 미국에서 가장 중요한 근무문화 키워드는?

"한 단어로 말하면, Trust입니다. 미국에선 직원을 통제하지 않습니다. 대신 기대를 명확히 하고 자율성을 부여합니다. 제가 존경하는 미국인 매니저는 이런 말을 했어요."
"My job is to remove roadblocks, not to watch clocks."
(내 역할은 시계를 감시하는 게 아니라, 일하는 길을 열어주는 것이다.)

Scene 6-2.

인터뷰 종료

김 팀장이 웃으며 말했다가 노트를 덮으며 중얼거렸다.

"와~ 실장님. 근무시간 얘기하려다, 결국 신뢰 문화 얘기까지 왔뿌네예~"

나는 고개를 끄덕였다.

"미국식 근무문화의 핵심은 시계보다 성과, 관리자보다 자율, 통제보다 신뢰에 있습니다."

"일 잘하는 법만큼, 일하게 두는 법도 배워야 합니다."

실무 경험 사례 (HR 문화적 차이)

1.
"출근했는데, 직원이 아무도 안 와요."

미국에 첫 법인을 설립하고, 본사에서 파견 온 상무님이 아침 8시 반에 사무실에 도착했습니다.

그런데 직원들이 오지 않습니다. 9시가 지나도, 9시 반이 되어도 두 명만 출근했습니다.

결국 상무님이 제게 한마디 하셨습니다.

"출근시간이 9시 아니었나요?"

미국 직원들의 근무형태를 잘 몰랐던 저도 당황했습니다.

하지만 직원들은 말했습니다.

"저는 원래 10시부터 근무합니다. 계약서에도 시간명시 안돼 있던데요?"

▶ **미국에서 근무시간(Work Hours)은 고용계약서에 구체적으로 명시하지 않으면 개인 자율로 간주됩니다.**

2.
근무시간: 미국은 '시간보다 결과'가 먼저입니다.

미국은 일반적으로 근무시간보다 '일의 성과'에 초점을 맞춥니다.

구분	특징
Exempt (면제직)	연봉제 · 관리직, 근무시간 규정 없음. 초과근무수당 없음
Non-exempt (비면제직)	시급제 · 사무보조 · 생산직등, 40시간 초과시 OT 지급 필수
FLSA 기준	주당 40시간 초과시, 1.5배 Overtime Pay 지급의무

⁂ 실수사례:

한번은 연봉직(Exempt) 직원이 일찍 퇴근했는데, 한국 본사 임원이 "왜 근무시간 안 채우고 나갔냐"고 지적하자 직원이 HR에 정식 항의했습니다.

결과만 보겠다고 하더니 왜 근무시간 감시하느냐는 거죠.

3.
유급휴가(PTO)는 '쓰라고 있는 것'입니다.

한국식으로 PTO를 '될 수 있으면 아껴 쓰게끔' 유도했던 적이 있었습니다.

한 직원은 1년 내내 하루도 안 쉬었고, 결국 연말에 지쳐 사직서를 냈습니다.

그는 떠나며 이렇게 말했습니다.

"회사 분위기가 휴가 쓰면 눈치 주는 것 같았어요. 미국에선 다들 휴가를 당당하게 써요."

▶ **미국에서는 PTO는 사용을 '권장'받는 권리입니다.**

항목	내용
Accrual 방식	매월 일정일 수 누적(예: 월 1.25일)
Carry Over 정책	연말 이월 여부 회사 정책 따라 다름
사용독려	매니저가 적극적으로 사용 권장해야 함
PTO Tracking	휴가관리 툴(HRIS)을 통한 실시간 관리 필수

미국 노동청 감사에서 자주 보는 포인트 중 하나가 **휴가를 쓸 기회가 보장되었는가입니다.**

4.
유연근무제, 믿었다가 생산성 잃은 사연

팬데믹 이후, 우리는 전면 재택근무를 시도했습니다.

처음엔 효율이 좋아 보였지만, 점점 커뮤니케이션이 느려지고,

신입직원은 정착을 못하고 이직률도 높아졌습니다.

그제야 우리는 유연근무제에도 전략이 필요하다는 걸 깨달았습니다.

형태	특징	주의점
Fully Remote	전면재택근무	소속감약화, 관리어려움
Hybrid (3+2)	주 3일출근 + 2일재택	커뮤니케이션및팀워크균형
Flexible Hours	시간자유, 결과중심	기준부재시업무누락가능
Compressed Work Week	4일근무제(10시간씩)	업무량분배신중필요

▶ **직원에게 단순히 "집에서 일하세요"라고만 말하면,**

일관된 성과 관리도 안 되고, 조직문화도 약화됩니다.

미국 근무시간 · 휴가 · 유연근무 체크리스트

❶ **고용계약서에 근무시간 명시**

→ 예: "Monday to Friday, 9am to 5pm
(with flexible start between 8–10am)"

❷ **Exempt/Non-exempt 구분 필수**

→ 시급직은 OT 관리 및 타임카드 기록 의무

❸ **PTO는 Accrual 정책과 Carry-over 조건 명확히 명시**

→ 연말 소멸/이월/페이아웃 여부 포함

❹ **PTO 사용 장려 문화를 만들자**

→ 매니저가 팀원에게 정기 사용 권장

❺ **유연근무제도는 정책 문서화 후 시행**

→ Remote policy, 재택기준, 협업시간대 등 정리

• • • • • • • • • •

당신에게 전하고 싶은 말

저는 미국에서 처음엔, "근무시간은 그냥 한국처럼 하면 되지"라고 생각했습니다.

하지만 미국은 일을 하는 '시간'이 아니라 '방법'과 '권리'를 존중하는 나라였습니다.

출퇴근 자유, 휴가권장, 성과 중심 일 방식…

그 속에서 제가 배운 건 이겁니다:

"직원을 통제할수록 회사는 불신을 쌓고, 자율을 줄수록 책임감이 커진다."

미국에서 성공적인 팀을 만들고 싶다면,

근무시간과 휴가의 개념부터 한국식 사고에서 벗어나야 합니다.

Chapter 7

해고, 징계, 성과관리: 미국식 Exit의 기술

"해고하는 것도 실력입니다"

미국의 Exit 전략: 징계, 성과관리, 해고의 기술

Scene 7.

캘리포니아 한 HR 컨퍼런스 후 카페에서

평상시 같지 않게 김 팀장이 조심스레 질문을 꺼냈다.

“선배, 일전에 한번 얘기해 주시기는 한 것 같은데, ‘해고’ 말임더, 말씀만 들어선 가장 어렵고, 무거운 주제인 것 같은데.. 우찌하면 됩니꺼?”

나는 고개를 끄덕이며 웃었다.

“맞아, 미국에선 해고가 계약의 파기가 아니라, 소송의 시작이 될 수도 있거든요.

그래서 난 해고는 기술적이어야 하고 일종의 절차의 예술이라고 표현해.”

“그래요? 좀 더 자세히 좀 말해 보소? 쫌.”

Q1. 미국에서 직원 해고는 어떻게 다르게 접근하나요?

"한국은 성과가 나쁘면 관리자 재량으로 해고가 가능하죠. 미국은 그게 안 됩니다.

'At–will'이긴 해도, 그냥 자르면 'Unlawful Termination' 소송이 날아옵니다. 즉, 아무 때나 해고할 수 있지만, 정당한 이유와 절차를 서류로 증명해야 안전해요."

Q2. 실제 사례가 있다면요?

"네. 물론 있죠. 모 한국 대기업의 뉴욕 지사의 외국인 마케팅 매니저의 건인데, 이 직원은 보고서 마감기한을 자주 어기고, 고객사와 갈등이 잦았어요. 팀원 간 불화도 있었지만, 한국인 G.매니저는 참고 참다가 3개월 후 일방적으로 해고통보했죠"

"문제가 되었군요? "

"네, 문제는 공식 경고·기록·PIP 하나 없이 갑자기 'You fire' 또는 'you are dismissal' 한 거죠."

"그래서 어떻게 됐나요?" 한승호 실장이 사뭇 궁금하다는 듯 재촉하였다.

"결과요? 이직 변호사 고용 후 차별 해고, 경고 없는 부당해고로 소송, 결국 합의금 $45,000 + 법률비용 지출."

"미국에서 해고란, '절차적 정당성(Procedural Fairness)'이 입증되지 않으면 무조건 리스크입니다."

Q3. 그렇다면 어떻게 준비해야 하나요?

"우선 성과 문제가 감지되면 즉시 '기록'을 시작해야 해요."

⁂ 미국식 Exit Process 필수 절차

① Verbal Warning – 첫 번째 구두 경고 (날짜·사유기록)

② Written Warning – 문서경고, 서명받기

③ Performance Improvement Plan (PIP) – 30~90일 실적 개선 계획

④ Weekly Check-ins – PIP 기간 중 코칭·점검 미팅

⑤ Final Review & Termination Letter – 종료사유 명시

"이 모든 과정을 '파일에 저장'해 두어야 합니다.

실제로 소송이 들어오면, HR의 메일·노트·경고장·서명이

가장 큰 방패예요."

Q4. 그럼 언제부터 '해고 가능'한가요?

"보통은 PIP 이후에도 개선이 없고, 해당 목표미달 시

'Just Cause Termination'으로 전환됩니다."

⁂ 예시: 성과부족 해고사유

항목	증빙방식
고객 클레임 반복	이메일 기록, 미팅노트
프로젝트 지연	Jira/Asana 로그기록
동료평가 하락	360 피드백 문서
PIP 미달성	목표수치 vs 실제 성과비교

"미국은 '사유'보다 '증명'이 중요합니다.
감정적 표현은 배제하고, '행동'과 '결과' 중심 서술이 기본이에요."

Q5. 해고 시 가장 조심해야 할 표현은?

"직원에게 '네 태도가 싫다' 또는 '너는 회사에 부정적인 영향을 줬어.' 이런 말 절대 금지입니다. 대신 이렇게 말하죠."
"In the past 90 days, you have missed 4 deadlines, received 3 client complaints, and did not meet the PIP goals we agreed on. (지난 90일 동안, 당신은 마감일을 4회 넘겼고, 고객불만이 3건 접수되었으며, 우리가 합의한 PIP(성과개선계획) 목표를 달성하지 못했습니다)."
"즉, 사실 중심, 정량근거 중심, 인격비난 금지. 이게 미국식 해고 커뮤니케이션의 3대 원칙입니다."
"One important thing to remember in HR is to avoid making personal comments like 'You're hurting the company' or 'Your attitude is a problem.'
Instead, address observable behavior and explain how it affects the team or the business. (HR 업무에서 꼭 기억해야 할 점 중 하나는, '당신이 회사를 힘들게 하고 있어요' 또는 '당신의 태도에 문제가 있어요'처럼 개인적인 언급은 피해야 한다는 겁니다.
그보다는 관찰 가능한 행동에 초점을 맞추고, 그 행동이 팀이나 업무에 어떤 영향을 주는지를 설명해야 합니다.)"

Q6. 정리해고(Downsizing)도 위험한가요?

"네, 매우 조심해야 해요."

"미국은 Downsizing이든 Layoff든 차별 소지가 생기면 바로 EEOC에 신고 가능해요."

⁂ 정리해고 가이드라인

- **기준 명확화: 근속·성과·스킬셋 등**
- **정리대상 선정사유 문서화**
- **대체인력 유무, 부서비교 문서화**
- ***Severance Package 제시(퇴직금 + 혜택 연장)**
- **서면 서약서(Waiver) 서명 유도(고소권 포기 조건)**

Q7. 한국기업이 흔히 저지르는 실수는?

실수	설명	미국 기준 리스크
말로만 경고	기록없음	부당해고 소지
당일 해고통보	절차없음	소송 가능성
팀장재량 해고	HR 개입없음	비정규 프로세스
감정섞인 언행	"너랑 일 못하겠다"	차별 · 명예훼손 소지
차별사유 포함	나이 · 인종 · 비자 등 언급	EEOC 제소 가능

Q8. 그럼 '잘 헤어지는 방법'이 있을까요?

"있습니다. 그걸 우리는 'Respectful Separation'이라고 불러요. 한번은 우리가 한 외국인 직원을 해고해야 했어요. 그동안 노력은 인정되었지만, 성과가 기준미달이었거든요. HR이 먼저 '그간 기여'를 인정하고, 매니저는 작별 인사와 함께 '전환지원 리소스'를 제공

회사는 2주치 추가 급여 + 추천서 제공 등 직원도 납득하고 수긍한 후 이해하고 회사를 떠났지요. 근데 , 그 직원은 떠난 다음에도 회사 이벤트에 '게스트'로 참석했어요.

그게 진짜 'HR다운 Exit' 아닐까요?"

Q9. 마지막으로 조언을 준다면?

"해고는 감정이 아닌 전략입니다. 성과가 낮은 직원이 조직에 미치는 영향은 큽니다.

그렇다고 '자르면 된다'고 생각하면 큰일 나요. 기록·절차·커뮤니케이션·보상·마무리까지 해고의 모든 단계가 구조화돼 있어야 합니다."

"가장 중요한 건요?

'떠나는 사람에게도 예의와 절차를 지키는 게 진짜 조직문화입니다.'"

* Severance Package : 회사에서 직원을 해고하거나 권고사직할 때 지급하는 퇴직 보상금 및 지원 혜택

Scene 7-2.

인터뷰 종료

한승호 실장은 말이 없었다.

"지금까지 들은 HR 이야기 중에 제일 긴장됐어요."

나는 고개를 끄덕이며 대답했다.

"You don't fire people. You release them, with dignity."

(사람을 해고하는 게 아니에요. 그들을 품위있게 보내주는 거예요.)

"이게 HR의 진짜 일입니다. 사람을 들이는 건 쉽지만, 떠나보내는 건 철학이 필요하거든요."

실무 경험 사례 (HR 문화적 차이)

1.
"이 정도 성과면 자르고 싶은데요?"

이건 제가 처음 미국에서 팀장 역할을 맡았을 때의 일입니다.
한 직원이 계속해서 마감일을 어기고, 회의 중 딴청을 피우고, 동료들에게 비협조적이기까지 했습니다.
결국 한국에서처럼 상무님이 말했습니다.
"그 친구, 성과 안 나오면 짐 싸게 하세요."
그래서 저는 경고 한두 번 주고 해고를 시도했죠.
그러자 그 직원이 HR에 정식 항의를 했고, 나중엔 변호사까지 선임해 회사를 압박했습니다.
결국 합의금 수천 불을 주고 종결했지만, 회사도 저도 큰 상처를 입었습니다.

▶ **미국에서 해고는 단순히 '성과가 안 좋아서' 하는 게 아닙니다.**
과정이 명확하고, 기록이 존재하고, 기회가 주어졌어야 합니다.

2.
미국의 해고 원칙: 'At-Will'이지만 '리스크 없음'은 아니다.

미국은 'At-Will Employment' 국가입니다.

즉, 고용주와 직원 모두 언제든 해고 또는 퇴사할 수 있는 구조입니다.

하지만 다음과 같은 사유가 포함될 경우,

부당해고(Wrongful Termination)로 간주되어 소송으로 이어질 수 있습니다.

금지 해고 사유	예시
인종·성별·나이·종교 등차별적 사유	"너무 나이가 많아서 변화에 적응 못하잖아"
성희롱 · 보복성해고	성희롱을 신고한 직원을 이후 해고
육아휴직 · 병가 복귀 직후 해고	FMLA 복귀 직원을 바로 자름
장애 또는 병력에 대한 차별	정신질환 고지를 이유로 해고

▶ **법적으로는 At-Will이어도, 해고과정이 정당해야 면책됩니다.**

3.
Performance Improvement Plan (PIP): 해고를 위한 정당성 확보 도구

제가 가장 많이 활용한 도구 중 하나가 **PIP(성과개선계획서)**입니다.

처음엔 그냥 '경고장' 정도로 여겼지만, 지금은 법적 방어 도구이자 성과개선 수단으로 정확히 활용하고 있습니다.

구성항목	설명
문제정의	구체적인 행동 · 성과 부족 사례 기술
기대성과	개선이 필요한 구체적 기준과 목표 제시
기간	일반적으로 30~90일 내외
점검방식	주간 미팅, 중간 리뷰, 피드백 방식 명시
후속조치	개선실패 시 고용종료 가능성 기재

실제로 한번은 문제 직원에게 60일짜리 PIP를 적용한 뒤 꾸준히 리뷰와 피드백을 했고, 결과적으로 직원 스스로 퇴사를 결정했습니다. 문서화와 관리가 법적 분쟁을 예방한 셈이죠.

4.
퇴사 면담(Exit Interview)도 리스크 관리입니다.

어느 날, 평범하게 퇴사한 줄 알았던 직원이
Glassdoor에 회사에 대한 악성 리뷰를 장문으로 올렸습니다.
"관리자가 감정적으로 사람을 몰아붙였고, 휴가도 눈치 줬다"는 글이었죠. 그 리뷰를 본 지원자들이 면접을 취소하기 시작했고, 우리는 급하게 전 직원 대상 만족도 조사를 돌려 그 리뷰가 '일부 사례일 뿐' 이라는 걸 증명해야 했습니다.

▶ **퇴사자와의 마지막 순간을 어떻게 관리하느냐에 따라,**

미래의 채용 브랜딩과 내부 사기가 좌우됩니다.

5.
"이 사람 왜 나갔죠?" 떠나보낸 후를 관리하라.

퇴사나 해고 이후, 저는 반드시 아래 사항을 확인합니다:

항목	조치사항
Final Paycheck	법에 따라 해고 당일 또는 다음 급여일 지급
PTO 정산	미사용 PTO 페이아웃 여부 확인 (주마다 다름)
COBRA 안내	퇴사 후 건강보험 연장(18~36개월) 안내
장비 회수	노트북, 모니터, 키카드, 보안접근 회수
시스템 권한 종료	퇴사와 동시에 시스템 계정 비활성화

한번은 Final Paycheck을 하루 늦게 줬다가,

직원이 주 노동청에 신고했고, 추가 벌금과 과태료까지 물었습니다.

해고 • 퇴사 • 성과관리 체크리스트

❶ 모든 경고 · 피드백은 문서화하라

→ 구두 경고만 반복하면 증거로 인정되지 않음

❷ PIP는 구체적이고 실행가능하게 작성하라

→ 감정배제가 핵심, 평가기준은 수치화

❸ 해고사유는 차별성이 없도록 리뷰하라

→ 나이 · 성별 · 병력 · 육아 · 종교 등 연관 요소 주의

❹ Exit Interview는 진심 + 분석의 균형을 유지하라

→ 개인감정 털어놓는 공간이 아니라, 제도보완을 위한 자료수집

❺ Final Paycheck과 혜택 처리 일정을 정확히 준수하라

→ 각 주 노동법 준수 필요 (특히 CA는 엄격)

● ● ● ● ● ● ● ● ● ●

당신에게 전하고 싶은 말

해고는 늘 불편한 일입니다.

하지만 미국에서 잘못 해고하면 회사가 걸림돌이 아니라 '피고'가 될 수 있습니다.

성과가 안 나온다고 바로 잘랐다가, 차별로 몰리고, 리뷰 테러를 당하고, 채용 이미지가 망가지는 걸 실제로 겪었습니다.

그 뒤로 깨달았습니다:

해고는 '관리의 실패'가 아니라, '관리의 마지막 기회'여야 한다는 것.

성과관리는 처음부터, 해고는 마지막까지 '정중하고 기록된 과정'이어야 미국에서 회사를 지킬 수 있습니다.

Chapter 8

미국 직원 온보딩, 교육, 조직문화 만들기 실무

"입사 첫 주에 이미 떠날 준비를 시작합니다"
"사람은 뽑았는데, 문화는 안 뽑았더라"

미국 현지 직원의 온보딩, 교육, 조직문화 정착 실무

Scene 8.

달라스, 어느 중견 한국계 전자회사 회의실

"선배.. 온보딩(On-Boarding)이 뭔가요?" 김 팀장이 직원들과의 문화 형성에 관한 이야기를 나누던 중 물었다.

"음. 그러니깐, 그게 '신입사원을 채용해서 처음부터 제대로 안내해 주는 것'.. 뭐 이 정도.

근데, 쉽게 말하면 그런건데, 좀 디테일하게 풀면, 단순히 입사 첫날 서류받는 걸로 끝나는 게 아니라, 새로운 직원이 우리 조직에 잘 적응하고, 빠르게 일의 흐름을 이해하고, 기존 사람들과 관계를 맺으며, 결국 성과를 낼 수 있도록 만들어 주는 과정이라고 할 수 있지."

"최종적으론, 신입 직원이 "내가 이 회사에 잘 들어온 게 맞구나", "어떻게 일해야 할지 감이 온다", "궁금한 걸 누구에게 물어보면 될지 알겠다라고 느끼게 만들어주는 일이지."

"아, 글쿠나~ 그런거지예~" 김 팀장이 되묻자, 이번에는 한승호 팀장이 거들었다.

"심 매니저님. 그럼 오늘은 미국인 직원 온보딩과 문화 정착 얘기를 좀 들어볼 수 있을까요?"

나는 고개를 끄덕이며, 무심히 스쳐지나가는 듯한 옛 기억에 미소지었다.

"솔직히… 초반엔 우리가 좀 무례했죠." 나는 웃으며 말문을 열었다.

"우린 미국 시장에 공장도 열고, 사람도 뽑았는데… '문화'는 하나도 안 만들고 그대로 한국식으로 운영했거든요."

Q1. 온보딩에서 한국기업이 흔히 놓치는 점은?

"한국기업은 **입사 첫날 서류작성**만 하면 온보딩이 끝났다고 생각해요.

미국에선 **온보딩이 '90일 문화 이식 기간'**이에요.

'왜 여기서 일하는지', '우린 어떻게 일하는지'를 체득하는 시간입니다."

✖ 실패사례: 미네소타 지사의 미국인 회계팀

- **입사 일주일간 장비 지급·서류만 받고**
- **업무는 '알아서 적응하라'는 분위기**
- **상사는 '일단 보고해' 식**
- **2개월 만에 이직 (퇴사 사유: '회사 철학과 업무방식이 불분명했다')**

Q2. 그럼 성공적인 온보딩은 어떤 모습인가요?

"딱 세 가지가 필요해요.

Welcome, Explain, Integrate."

⁂ 온보딩 핵심요소

항목	설명	예시
Welcome (환영)	환영분위기, 장비·계정 준비, 미팅세팅	'Day 1 미팅', 웰컴킷
Explain(설명)	Mission, Vision, Values 설명	브랜드 스토리 소개 세션
Integrate (통합·적응)	문화체험, 동료소개, 가벼운 협업프로젝트 배정	점심 동행, Onboarding Buddy 매칭

Q3. 실제 미국 직원과의 대화 예시가 있을까요?

"우리가 만든 온보딩 매뉴얼 중 일부 대화예요.

입사 첫날 '문화 소개 세션'에서 미국인 직원과 이런 대화를 나눴죠."

⁂ 영어·한글 대화 예시

Manager:

"Welcome aboard, Jason. We're really excited to have you here."

(어서오세요, 제이슨. 함께 일하게 되어 정말 기대됩니다.)

Jason:

"Thanks! I'm looking forward to learning how things work here."

(감사합니다! 이곳의 일하는 방식이 어떤지 배우는 게 기대됩니다.)

Manager:

"One thing that's important here is collaboration. We often make decisions as a team, not just top-down."

(여기선 협업이 중요해요. 지시만 받는 게 아니라, 팀 전체가 같이 결정합니다.)

Jason:

"That's great to hear. In my last job, everything was very hierarchical."

(좋네요. 전 직장은 위계가 너무 뚜렷했거든요.)

Manager:

"We'll pair you with a buddy for the first month, so feel free to ask anything."

(처음 한 달 동안은 동료 멘토를 붙여 드릴 거예요. 무엇이든 편하게 물어보세요.)

Q4. 교육(Training)은 어떻게 접근해야 하나요?

"교육도 그냥 '업무지식 전달'만 하면 안 돼요.
업무수행 방식, 의사결정 원칙, 팀워크 방식까지 알려줘야 진짜 교육입니다."

⁂ 실무팁: 30-60-90 Day 교육플랜

기간	목표	내용
Day 1~30	회사 이해, 문화 흡수	브랜드, 핵심가치, 예절, 직무흐름 이해
Day 31~60	역할 정립, 초기 프로젝트	담당업무 할당, 멘토링, 체크인
Day 61~90	독립 수행	자기주도 업무수행, 피드백, 코칭

"한국기업은 여기서 실수하죠.
문화는 안 가르치고, 업무부터 '빡세게' 시켜요.
미국 직원들은 이걸 '서포트 없이 방치'라고 느낍니다."

Q5. 조직문화는 어떻게 설계하셨나요?

"우리는 미국 직원들과 **'조직문화 워크숍'을 따로 열었어요."
"한국에서 본사 문화가 어떤지 설명하고,
미국에서 이걸 어떻게 현지화할 수 있을지 같이 논의했죠."

**** 현장사례: 조직문화 정립 워크숍 (텍사스 지사)**

활동	설명
Culture Map 만들기	"우리는 이런 방식으로 일한다" 시각화
Do & Don't List 공유	예: "No emails after 6PM", "Don't micromanage"
Value Workshop	미국 지사만의 Core Value 세 가지 도출
Hybrid 규칙 수립	회의시간, 재택요일, 회의방식 가이드 정립

Q6. 문화 충돌은 어떤 것이 있었나요?

"가장 흔한 게 '회의방식' 충돌이에요.
미국 직원들은 회의 중 자유롭게 의견을 내는 걸 기대하는데, 한국 매니저들은 이걸 **'버릇없다'고 느끼죠."

⁂ **실제 사건:**

- **한 미국인 직원이 미팅에서 팀장 의견에 반대**
- **팀장이 그날 오후 "태도가 불손하다"고 HR에 문의**
- **직원은 "의견 교환이 자유롭다더니, 이건 갑질"이라며 불만 제기**
- **결과: 문화 간 워크숍 재실시, 팀장 대상 리더십 교육 진행**

Q7. 현지화 성공을 위한 조언이 있다면?

"미국 진출 기업에게 드리고 싶은 말요? 하하. 딱 이거 한 마디죠

'직원을 뽑지 말고, 문화를 함께 만들라'는 겁니다. 한국 본사 문화를 그대로 들고 오면 반드시 충돌 납니다. 업무는 공유해도, 문화는 번역해야 합니다."

⁂ **성공 가이드 라인**

항목	실행포인트
온보딩	첫 90일 = 문화심기 기간
커뮤니케이션	영어로만 하는 게 아니라, '미국식 표현방식'으로
교육	업무보다 팀워크와 협업방식 위주
조직문화	미국 지사만의 문화정체성 설계
리더십	통제형이 아닌 코칭형으로 전환

Scene 8-2.

인터뷰 종료

한승호 실장은 메모를 멈추고 웃었다.

"결국, 사람을 뽑는 게 아니라 함께 살아가는 거네요."

나는 고개를 끄덕였다.

"맞아요. 미국 HR은 이렇게 말해요.

'Hire for culture, train for skill.'

스킬은 가르치면 되지만, 문화는 함께 만들어야만 합니다."

실무 경험 사례 (HR 문화적 차이)

1.
"새 직원이 입사했는데 아무도 신경 안 씁니다"

미국 지사에서 처음으로 신입 직원을 채용했을 때 이야기입니다.
오리엔테이션 자료를 제대로 만들지 못해, 입사 첫날 노트북 세팅도 안 되어 있었고, 누가 멘토가 될지도 정하지 않았고, 점심도 각자 먹었습니다. 3일 뒤, 그 직원은 메일 한 통을 남기고 퇴사했습니다.
"저는 환영받는 느낌을 전혀 못 받았습니다. 이 조직은 준비가 안 되어 있습니다."
그 일이 있고 나서야, 저는 미국에서 온보딩이 얼마나 중요한지 뼈저리게 깨달았습니다.

▶ **미국에서는 입사 첫 1~2주가 그 직원이 머무를지 떠날지를 결정짓는 시간입니다.**

2.
미국의 온보딩은 '업무시작'이 아니라 '문화적응'부터 시작합니다.

한국에서는 입사하면 보통 '업무 인수인계'를 바로 시작합니다.
하지만 미국은 다릅니다. 신입은 먼저 '팀의 일원'이 되는 것부터 배웁니다.

주요 온보딩 구성	구체적 내용
Welcome Email	입사 전 환영 메일 발송 + 일정 공유
IT 준비	입사 전 장비세팅, 계정 · 시스템 권한 확보
Day 1 오리엔테이션	조직소개, 핵심가치 공유, 복리후생 설명 등
Buddy Program	기존 직원 중 멘토 지정해 실무와 문화 연착륙 지원
1~4주차일정표	입사 첫 달까지 주차별 교육 및 만남일정 확정

▶ **실무에 도입한 후 효과 본 건 'Day 1 Lunch with Team' 입니다.**
팀 리더와 직접 식사를 함께 하며 비공식적으로 조직문화를 소개하는 자리죠.
그 직원은 이후 3년간 잘 적응해 팀의 핵심 인재가 되었습니다.

3.

직무교육(OJT)은 계획이 없으면 효과도 없습니다.

한번은 신입사원을 입사시켜 놓고, 교육자료 없이 "옆 사람한테 배우라"고 했습니다.

결과는? 기존 직원이 피로를 호소했고, 신입은 실수를 반복하며 자신감을 잃었습니다.

두 달 후 그는 퇴사했습니다.

실무교육(*OJT) 구성 예시	설명
1주차	회사 시스템 로그인, 툴 사용법, 조직구조 설명
2~3주차	주요 업무흐름 설명, Shadowing(동행관찰)
4주차 이후	독립적 업무수행, 주간 피드백

중요한 건 '문서화'입니다.

직무프로세스는 문서로 정리해 전달해야 일관성과 반복성을 가질 수 있습니다.

→ 예: 업무매뉴얼, 체크리스트, FAQ 문서 등

* OJT : On-the-Job Training (현장 직무 교육 또는 실무 중심 교육) 직원이 실제 업무 현장에서 실무를 수행하며 배우는 교육방식

4.
조직문화, '만들지 않으면 생기지 않습니다'

제가 한참 미국 회사 문화를 몰랐을 때, 이런 일이 있었습니다.
한국식으로 "왜 회의에 늦냐", "이건 보고했어야지"라고 말하자,
직원들이 슬랙(Slack)에 불만을 토로하기 시작했습니다.
결국 어느 날, 한 직원이 이런 말을 하더군요.
"This place has no culture… It's like whatever the leader feels that day becomes the rule.(이 회사엔 Culture가 없어요. 리더의 감정이 규칙이 되는 것 같아요.)"
그제서야 저는 깨달았습니다.
미국 조직은 명확한 문화 가이드라인과 커뮤니케이션 규칙이 있어야 운영이 됩니다.

조직문화 정착 전략	실행방법
Core Values 정의	고객 중심, 투명성, 협업 등 핵심가치 도출
Communication Guideline	회의규칙, 이메일 · 슬랙 예절, 회신 기대시간 명시
정기적인 피드백 문화	1:1 미팅, Peer Feedback, 익명설문 등 운영
Recognition 프로그램	잘한 직원에게 공개 칭찬, 소소한 보상제공

가장 효과 본 건, **월 1회 'Culture Lunch'**였습니다.
→ 각자 자유롭게 조직에서 좋았던 점, 아쉬웠던 점을 공유하면서
작은 변화를 하나씩 도입하며 문화가 살아났습니다.

온보딩 · 교육 · 문화구축체크리스트

1. **온보딩 Day 1 일정을 사전에 문서화하라**

   → IT 세팅, 복리후생 설명, 동료 소개, 환영 점심 포함

2. **Buddy · Mentor 지정은 필수**

   → 초기 30일간 '소속감'과 '실무안내'를 담당할 동료 선정

3. **직무교육은 매뉴얼 + Shadowing 병행**

   → 최소 4주간 계획 수립, 체크리스트 제공

4. **조직문화는 문서로 명시하고 공유하라**

   → 가치관, 커뮤니케이션 규범, 피드백 문화, 회의방식 등

5. **문화는 이벤트가 아니라 '일상화'로 녹여야 한다**

   → 회의 · 점심 · 회식이 아니라, 평소 일하는 방식 속에 내재화되어야 함

● ● ● ● ● ● ● ● ● ●

당신에게 전하고 싶은 말

신입이 입사한 첫 날부터
"뭔가 준비가 안 되어 있구나", "나는 여기 필요 없는 사람 같네"라는
인상을 받으면,
그 직원은 이미 마음이 떠난 겁니다.
교육도 문화도 리더가 준비한 만큼 조직에 정착됩니다.
한때 저는 '사람은 알아서 적응하겠지'라고 생각했지만,
그건 미국에서는 사람을 내쫓는 방식이더군요.
준비된 온보딩과 교육은 단순한 HR 기능이 아니라, 조직의 품격입니다.

Chapter 9

미국 HR 실무자의 성공적인 커뮤니케이션 전략

"말투 하나, 표현 하나가 직원과 회사를 살린다"

"말은 했는데, 전달은 안 됐더라"

미국 HR 실무자의 커뮤니케이션 생존 전략

Scene 9.

시카고 북부, 한 HR 포럼 직후 인터뷰 현장

회의실 한켠 넘어 웅성거리는 소리가 들렸다.

"진짜로요… 아~~ 진짜라니까요.. 미치겠네" 같은 HR팀에 속한 박 과장이었다.

나는 조용히 박 과장을 불렀다.

"무슨 일 있어요? 박과장, 여기 한국에서 오신 손님들도 계신데."

"그니깐요, 제가 그 직원한테 세 번이나 말했다니까요." 갑자기 피식 웃음이 터져나왔다.

앞뒤 안 가리고 급한 성격이 또 나왔구나 싶었다.

"뭐가 '그니까요' 에요. 천천히 얘기해 봐요."

커피를 들이키며 박 과장은 연신 억울하다는 듯 말했다.

"그런데 나중에 '한 번도 못 들었다'고 하더라고요."

나는 피식 웃었다.

"그게 바로 미국에서 한국식 커뮤니케이션이 통하지 않는 순간이죠."

때를 놓치지 않고 한승호 실장이 말했다.

"그래서 오늘은 미국 HR 현장에서 말이 통하는 법 얘기해 주시죠.. 하하하."

Q1. 미국식 커뮤니케이션의 핵심은 뭔가요?

"두 가지예요. 명확한 구조 + 감정 없는 사실 전달.
한국처럼 뉘앙스나 맥락으로 돌려 말하면 90%는 '안 들린다'고 보셔야 해요."

Q2. 실제 사례가 있나요?

"5년 전인가~ 일거예요. LA에서 물류센터 운영하시는 지인분 케이스인데요. 전형적인 Miss Communication 사례입니다. 그분 회사의 HR 담당자가 회의 소집을 하면서 이렇게 공지한 거예요.

- **HR 담당자:** "Please try to attend the meeting on time, if possible(회의는 되도록 늦지 않게 참석해 주세요.")
- **미국직원:** "Okay."

결과요? 그 회사 미국 직원 중 몇몇은 회의에 계속 5분~

10분 늦게 도착했고, 화가난 HR 담당자는 '경고수준'으로 보고, 서면으로 공식 경고장을 발송했죠."

"그래가~, 우짜된는 교? 선배." 참지 못하고 김 팀장이 끼어들었다.

"어떻게 됐을 것 같아? 아주 난리가 났지.. 직원들이 '왜 갑자기 징계하냐'며 격분했고, 나중에 아는 지인인 사장님이 나서서 무마시키긴 했지만, 그 이후로 직원들은 HR과 신뢰가 붕괴돼서 더는 HR의 지시에 따르지 않게 됐어."

"아니? 선배.. 지들이 시간 안 지켜가~ 경고 먹은거를 와 격분하는교? 웃기는 넘들이네..

이건 한국에서도 욕 먹을 일 아닌교?"

현직 HR 팀장이라 그런지 역시 민감하게 반응했다.

"문제는 '되도록'이 문제였어… If Possible 이라는 표현이, 그 뉘앙스가 딱 이거거든.

되도록(가능하면) 늦지 않아야 해. 하지만 늦어도 어쩔 수 없지 뭐.ㅋ~~, 그러니깐

미국 직원은 'It's not mandatory.(반드시 지켜야 할 건 아니구나)'라고 해석한 거죠."

Q3. 그럼 어떻게 말했어야 했나요?

⁂ 정확한 표현 예시 (영문 · 한글 병기)

HR:

"Starting tomorrow, the team meeting begins at exactly 9:00

AM. Please be seated by 8:55."
(내일부터 팀 회의는 정확히 오전 9시에 시작합니다. 8시 55분까지 착석해 주세요.)

또는 이렇게 말해도 좋습니다.

"Being late more than once will be documented. Please treat this as a formal expectation."
(한 번 이상 지각할 경우 공식적으로 기록됩니다. 이건 회사의 정식 기대사항으로 이해해 주세요.)

Q4. 이메일 커뮤니케이션은 어떻게 달라야 하나요?

"미국에서는 이메일도 명확한 구조와 액션 포인트 중심으로 써야 합니다."

⁂ 미국식 이메일 구조

Subject: Deadline for Q3 Report Submission – Due July 15
(3분기 보고서 제출 마감일 – 7월 15일까지)

Hi [Name],

As discussed, please submit the finalized Q3 report by **Monday, July 15 at 3:00 PM EST**.

(논의한 대로, 최종 Q3 보고서를 7월 15일(월)

오후 3시(미 동부 표준시)까지 제출해 주세요.)

Key Items to Include(주요 항목) 포함해 주세요.

– Revenue breakdown by product(제품별 매출내역)

– YOY comparison(전년 동기 대비 비교)

– Comments on cost variances(원가변동에 대한 코멘트)

Let me know if you have any questions. Thanks!

(궁금한 점 있으면 알려주세요. 감사합니다!)

Best,

[Name]

"'~해주시면 감사하겠습니다'는 영어로 그대로 번역하면

'선택사항'처럼 들려요.

대신 'Please complete by [날짜]'처럼 명확히 요청하세요."

Q5. 미국 직원이 잘 반응하는 피드백 방식은?

"미국은 직접적인 피드백을 원하지만, 인격이 아닌 행동

에 대한 피드백을 선호합니다."

피드백 대화 예시

Manager:
"I noticed the report was submitted a day late. Is there anything blocking you?"
(보고서가 하루 늦게 제출됐더군요. 무슨 어려움이 있었나요?)

Employee:
"Sorry, I didn't have one figure confirmed in time."
(죄송해요. 한 가지 수치가 늦게 확정되어서요.)

Manager:
"Got it. Let's make sure to flag delays early next time. Thanks."
(알겠어요. 다음엔 미리 늦어질 것 같으면 알려주세요. 고마워요.)
"미국은 공격 대신 조율,
'네가 틀렸다'보다는 '다음엔 이렇게 하자'가 기본태도입니다."

Q6. 미국인들과 갈등이 생겼을 때는?

"감정적 표현은 절대 금물입니다.
대신, **상황-영향-요청 구조로 말하는 'SBI 모델'**을 써보세요."

⁂ *SBI 피드백 구조 예시

S (Situation): "In yesterday's team meeting…"
B (Behavior): "…you interrupted James twice while he was presenting."

* SBI Feedback : 효과적인 피드백을 위해 사용되는 구조화된 방법
Situation (상황) + Behavior (행동) + Impact (영향)

I (Impact): "It disrupted the flow and made it hard for others to follow."

R (Request): "Please allow speakers to finish before sharing your thoughts."

(어제 팀 미팅에서 제임스가 발표할 때 두 번 끼어드셨어요.
발표 흐름이 끊기고 다른 직원들이 집중하기 어려웠습니다.
다음엔 발표자 발언이 끝난 후 의견 주시면 좋겠어요.)

Q7. 한국기업에서 자주 실수하는 표현은?

한국식 표현	미국식 해석	대안 표현
"그건 좀 아닌 것 같아요"	거부의사 불명확	"I don't agree with that approach."
"최대한 빨리 부탁드려요"	언제까지?	"Please send it by Friday, 3PM."
"다 아시겠지만…"	상대한테 부담	"Just to clarify…"
"알아서 처리하세요"	책임회피	"Here's the scope. Let's confirm roles."

"불명확하거나 돌려 말하는 표현은 모두 오해를 부릅니다.
미국에서는 '정중하지만 정확하게'가 생존전략이에요."

Q8. 미국 진출 기업에게 조언하신다면?

"말을 번역하지 말고, 사고방식을 바꿔야 합니다.

한국은 '상대방이 알아서 이해하겠지'에 기대는 문화예요.

미국은 '내가 분명히 말했나'가 우선이에요."

⁂ 실전 커뮤니케이션 가이드

항목	전략
회의	사전 어젠다 공유 → 회의 후 액션정리 메일 필수
보고	감정배제, 숫자 중심, 논리적 결론부터
피드백	'비난'이 아닌 '조정' 중심의 대화
갈등	즉각적 대응 대신, 중재형 문장으로 완급조절
문화	미국식 표현과 직설적 대화훈련 필수

Scene 9-2.

인터뷰 종료

한승호 실장이 웃으며 질문했다.

"결국, 미국에서 말 잘하는 법이란 뭘까요?"

나는 단호하게 말했다.

"말 잘하는 게 아니라, 말을 '전달'하는 법을 배우는 거죠.

미국 HR은 이렇게 말해요."

'Clarity is kindness.' (명확함이 바로 배려입니다.)

실무 경험 사례 (HR 문화적 차이)

1.
"직원이 메일을 무시해요" - 나의 첫 소통 실패

미국 지사에 합류한 첫 해, 저는 직원들에게 공지사항과 지침을 ** "한글 번역체 영어"**로 이메일에 적어 보냈습니다.

Subject: "Please submit your weekly report by end of this week. Non-compliance will be taken seriously.(이번 주 내로 주간 보고서를 제출해 주세요. 미제출 시 엄중히 처리될 수 있습니다.)"

결과는? 아무도 회신하지 않았습니다.

몇몇은 "이건 위협이냐?", "왜 협박조처럼 말하느냐?"며 불쾌해 했습니다.

그때 배운 교훈:

미국에서 HR 커뮤니케이션은 '정확성'보다 '관계 중심'입니다.

2.

미국에서 HR이 신뢰받으려면 말투부터 다르게

한국식 표현	미국식 바람직한 표현	설명
"보고서 제출바랍니다"	"Would you be able to share your weekly report by Friday?"	명령보다 요청형태 선호
"불이행시 불이익이 있습니다"	"Please note that missing this deadline could impact the review process."	위협 대신 결과 중심 표현
"지각하지 마세요"	"We appreciate punctuality to ensure smooth team operations."	직접적 금지보다 긍정 유도

미국 직원들은 명확한 기대치와 존중하는 태도를 가장 중요하게 여깁니다.

특히 HR의 말은 '회사 공식 입장'으로 여겨지기에,

'공감 + 배려 + 정보전달'이 모두 담겨 있어야 합니다.

3.

Feedback을 주고받는 대화도 전략이 필요하다

제가 실수했던 사례 하나:

어느 직원의 태도 문제를 정면으로 지적했습니다.

"You've been late three times this week. That's unacceptable.

(이번 주에만 세 번 지각했어요. 그건 받아들일 수 없습니다.)"

그 직원은 눈에 띄게 방어적으로 변했고, 이후 저와 대화를 피했습니다. 그 다음부터 저는 'Situation-Behavior-Impact (SBI) 모델'을 사용했습니다.

구조	예시
Situation	"During our team meeting on Tuesday…" (화요일 팀 회의 중에)
Behavior	"…you interrupted your colleague several times." (당신이 동료의 말을 여러 번 끊었습니다.)
Impact	"It disrupted the flow and made others hesitant to speak." (그로 인해 회의흐름이 끊기고, 다른 사람도 말하기를 주저하게 됐어요.)

▶ **이 방식은 비난 없이 행동을 구체화하고, 개선 여지를 열어둡니다. 그 이후로 직원들도 피드백을 더 잘 받아들이게 됐습니다.**

4.
문화적 차이에서 오는 '침묵'과 '방어'를 이해하라

미국에서의 '침묵'은 두 가지입니다.

- **진짜 모르는 경우**
- **듣고 있지만, 표현을 자제하는 경우**

특히 한국인이 주로 범하는 실수는 직설적 표현과 '우리는 이렇게 해왔어요'식 설명입니다.

예: "In Korea, we always…"

→ 미국에서는 자칫 '너희 나라 방식 강요'로 들립니다.

또 하나 기억할 것:

미국 직원들은 '이해받고 있다'는 느낌이 들면 훨씬 협조적입니다.

5.

HR 실무자가 기억해야 할 '대화 포인트 세 가지'

(1) 사실과 감정을 분리하라

"그는 게으르다"는 해석이고,

"그는 오전 10시 이후에 출근하는 패턴이 반복되고 있다"는 사실입니다.

▶ **HR의 언어는 항상 '기록 가능한 팩트'로 정리되어야 합니다.**

---

(2) 질문으로 끝내라

"왜 이렇게 했습니까?"보다는,

"그 상황에서 어떤 판단을 하셨는지 듣고 싶어요."

→ 질문형 마무리는 방어심을 낮추고 대화를 이어가게 합니다.

---

(3) 감정 피드백보다 행동 피드백

"기분이 상했습니다"보다

"그 말씀이 다른 동료에게 부담으로 느껴질 수 있었어요."

→ HR은 감정의 당사자가 아닌, 상황 조율자로 말해야 합니다.

미국 HR 실무자의 커뮤니케이션 체크리스트

❶ **이메일 제목과 첫 문장은 '명확 + 부드럽게'**

→ "Just a quick reminder" / "Hope you're doing well" 등 완충어 사용

❷ **피드백은 SBI 모델로 전달하라**

→ 비난보다 행동 + 영향 중심

❸ **어떤 문제든 '공감 → 확인 → 제안' 순으로 대응하라**

→ "I hear what you're saying…" → "Let's figure out a better way"

❹ **회의 시 침묵은 확인 질문으로 풀어라**

→ "Any thoughts you'd like to share?" / "Does this approach work for you?"

❺ **한국식 커뮤니케이션 방식은 의도 설명 없이 사용하지 마라**

→ 문화 간 배경을 고려해 '왜 그렇게 말하는지' 설명할 것

당신에게 전하고 싶은 말

처음엔 영어만 잘하면 될 줄 알았습니다.

하지만 진짜 중요한 건 **어떻게 말하느냐**였습니다.

표현 하나, 어조 하나가 신뢰를 쌓기도, 무너뜨리기도 하니까요.

"HR은 말로 회사를 대표하는 사람입니다."

정확하고 따뜻하게,

단호하되 배려있게.

그게 미국 HR 실무자의 기본언어입니다.

Chapter 10

HR이 조직의 미래를 만드는 방식

회사는 결국 문화가 남는다

"문화는 수출이 아니라 현지 창작이다"

미국식 조직문화 설계와 한국식 실패의 교훈

Scene 10.

오레곤 포틀랜드, 한 스타트업 오피스에서

한승호 실장이 눈이 휘둥그레져 묻는다.

"그럼 미국에서 한국식 조직문화는 통하지 않는다는 말씀인가요?"

나는 커피를 내려놓고 천천히 고개를 끄덕였다.

"네, 그대로 들고 오면 반드시 부서집니다. 저는 그걸 실제로 겪었습니다."

Q1. 어떤 상황이었나요?

"네. 뉴저지에 진출한 한국 중견제조기업 예기인데요. 한국의 일반적인 회사들이 다 그렇잖아요.. 뭐랄까 많이 수직적이고, 또 다들 워크홀릭처럼 야근 중심적이고, 그러면서 직원 간 친목과 소통은 회식으로.. 뭐 말 그대로 팀장이 지시하는 대로 일사천리, 야근도 마다않고 열심히 일하고 또 일끝나면 다들모여 화끈하게 한잔하고.. 좋찮아~~ 이런 문화를 그대로 미국 직원들에게도 적용한 거죠."

"그래서, 이번엔 또 우짜 됐슴까? 선배"

"미국 현지직원 채용 후 그대로 적용했지.. 매일 9시 회의하고, 상사 지시한 것 먼저하는 우선 문화, 회식도 업무에 연장이다.. 하며, 참여 독려하고, 결과요? 당시 채용한 현지직원 7명 중 4명이 6개월 이내에 퇴사했고, Glassdoor 리뷰에 "Toxic top-down culture" 올려, 한동안 현지채용 어려움이 많았지.. 더 웃긴 건 뭐지 알아?"

"이 와중에 또 웃긴 게 있어예~" 어이없다는 듯 김 팀장이 되물었다.

"응... 있어.. 이거 완전 한국식인데. 아까 얘기했잖아.. 회식도 업무의 연장이니깐, 참석하라고 하면서 회식참석 독려했다가.. 퇴사한 직원 중 한 사람이 Overtime pay 청구한 거야.."

"네~에.." 한승호 실장도 눈이 동그래지며 놀라고 있었다.

"아니, 뭐 그람, 밥사주고 술사주고 놀게 해줬더니, 논 시간당 돈 달라고 했다 아임까?"

억울하다는 듯 김 팀장이 말했다.

"그지~~ 그니깐, 왜 쓸데 없이 업무의 연장이냐 등의 오해의 표현을 쓰는 거야.. 그 후에 그 해당 팀장도 한국 본사 이직 요청하고 한국으로 돌아갔어."

Q2. 그럼 미국식 조직문화는 어떻게 다른가요?

"한국은 관계 중심이고, 미국은 기대치·존중·자율성 중심이에요."

⁂ 미국 조직문화의 3대 핵심

항목	의미	예시
Expectations	무엇을 어떻게 해야 하는지 명확히 정의	직무기술서, 역할기준, KPI 설정
Respect	직급 상관 없이 의견존중	회의 중 인턴도 자유발언
Autonomy	자기시간과 방식 존중	유연근무, 휴가자율 사용

"'눈치'가 없고, '정(情)'도 없다고요?
그건 오해예요. 미국은 역할과 경계가 분명한 문화일 뿐입니다."

Q3. 그럼 어떤 식으로 조직문화를 설계해야 하나요?

"처음부터 '현지 직원과 함께' 만들어야 해요."
"우리는 미국 직원들과 직접 조직문화 설계 워크숍을 진행했어요."

⁂ 실제 사례: 애틀랜타 지사 문화설계 세션

- **HR + 각 팀 리더 + 현지직원 포함**
- **질문:**
  1. **"우리가 어떤 회사가 되었으면 좋겠는가?"**
  2. **"당신이 존중받는다고 느낀 경험은?"**
  3. **"본사 문화 중 무엇은 가져오고, 무엇은 버릴 것인가?"**
- **도출된 미국 지사 Core Values:**
  - **Transparency (투명성)**
  - **Accountability (책임감)**
  - **Balance (일-삶 균형)**

Q4. 미국인 직원과 나눈 대화 중 기억에 남는 것이 있다면요?

"조직문화는 대화로 만들어지는 겁니다. 이건 실제 워크숍 때 한 직원과 나눈 대화예요."

HR:

"What does 'respect' mean to you at work?"

(회사에서 '존중'이란 어떤 의미인가요?)

Employee:

"It means I can disagree with my manager without being afraid."

(상사와 의견이 달라도 두려움 없이 말할 수 있는 거요.)

HR:

"That's powerful. In some cultures, that's not common."

(강한 메시지네요. 어떤 문화에선 흔치 않은 일이죠.)

Employee:

"Exactly. If I'm scared to speak, the company misses my ideas."

(맞아요. 말할 수 없다면 제 아이디어는 사라지는 거예요.)

Q5. 한국기업이 흔히 저지르는 문화 실수는?

실수	미국 직원 시선	결과
직급 강조	"Why can't I call you by first name?"	위계 거리감
지시 일변도	"Am I not allowed to propose alternatives?"	창의성 저하
근무시간 강조	"Why am I getting Slack messages at 9PM?"	퇴사 원인
회식 강요	"Is this required? I have family plans."	회사에 대한 거부감
묵시적 기대	"Nobody told me what was expected."	역할 혼란

Q6. 미국 조직문화 운영을 위한 실전 가이드라인은?

⁂ 미국 현지 조직문화 운영 체크리스트

항목	실천방안
문화수립 방식	직원 참여형 워크숍으로 공동설계
리더십 훈련	한국식 지시형 → 코칭형 리더십 전환
성과 커뮤니케이션	주기적인 1-on-1 + 360 피드백 도입
투명성 강화	의사결정 기준 사전공유, 정기 브리핑
일-삶 균형 존중	PTO, Remote Day, Slack 사용 가이드 명확화
다양성 수용	DEI 트레이닝, 익명 피드백 채널 운영

Q7. 마지막으로 하고 싶은 말이 있다면요?

"조직문화는 복붙하는 게 아니라, 함께 번역하고, 다시 창작하는 겁니다."

"한국식 조직문화로 미국을 설득할 수는 없습니다. 현지 직원이 '주인공'이 되는 문화,

그것만이 미국에서 지속 가능한 조직문화입니다."

Scene 10-2.

인터뷰 종료

한승호 실장은 노트북을 덮으며 말했다.

"결국 문화란, 사람을 존중하는 방법에 관한 이야기군요."

나는 고개를 끄덕였다.

"맞아요. 제품은 팔아도, 문화는 같이 살아야 하는 거니까요."

실무 경험 사례 (HR 문화적 차이)

“

회사는 결국 문화가 남는다

”

1. “우린 가족같은 회사입니다” – 미국 직원이 떠난 이유

제가 가장 처음 시행착오를 겪었던 건, 회사 소개서에 한국처럼 **'가족 같은 분위기'**를 강조했던 일이었습니다.

직원의 피드백:

“I'm not looking for a family, I already have one.(저는 (직장에서) 가족을 찾는 게 아니에요. : 우리는 가족입니다' 같은 접근에 대한 거리감 표현)”

“I want a fair, respectful workplace—not emotional obligations.(제가 원하는 건 감정적 의무가 아니라, 공정하고 서로를 존중하는 직장이에요) : 건강한 조직문화에 대한 기대를 분명히 밝히는 표현 ”

그 말을 듣고 충격을 받았습니다.

미국에선 '가족같은 분위기'가

≫ 업무와 사생활의 경계를 모호하게 하고,

≫ 정당한 피드백을 감정적으로 만들며,

≫ 공정함을 해치는 문화로 받아들여질 수 있습니다.

▶ **이 경험을 통해 저는 조직문화를 '공정·투명·자율·성장'이라는 네 가지 축으로 재정의했습니다.**

2.
미국에서 '좋은 조직문화'란 무엇인가?

요소	설명
공정성 (Fairness)	승진 · 보상 · 업무배분이 투명한 기준에 따라 이뤄지는 것
심리적 안전감 (Psychological Safety)	자기의견을 말해도 불이익을 받지 않는 분위기
다양성과 포용성 (Diversity & Inclusion)	다양한 배경과 성향을 존중하고, 모두의 소속감을 보장
경청문화 (Listening Culture)	위에서 아래로만 흐르지 않고, 직원의 목소리를 수렴하는 구조

제가 일했던 한 스타트업은 이 네 가지가 모두 명확했습니다.
특히 모든 회의에서 '질문과 반대의견은 반드시 받는다'는 문화가 있었고, 이로 인해 아이디어의 질도 훨씬 높아졌습니다.

3.
한국식 문화 이식, 이렇게 실패했다

실패 사례 1 – 상사 앞에서 침묵하는 문화

한국에서 '윗사람 앞에서는 조심하자'는 문화가 미국에 그대로 이식된 팀이 있었습니다.

팀장은 "왜 아무도 아이디어를 내지 않느냐"고 답답해했고,

직원들은 "말하면 손해 보거나 무시당할까봐 말 안 한다"고 했습니다.

→ 이 조직은 1년 뒤, 핵심인재 3명이 퇴사하며 '독재적'이란 평을 남겼습니다.

실패 사례 2 – 회식문화의 강요

하루는 미국 직원에게 한국식으로 저녁식사를 제안했는데,

그 직원은 "업무 외 시간은 가족과 보내고 싶다"며 불쾌함을 표현했습니다.

심지어 어떤 직원은 "이런 문화 강요는 부당하다"며 HR에 문제제기를 했습니다.

▶ 문화는 '자연스러운 수용'이어야지, **강요되는 체험이어선 안 됩니다.**

미국 조직문화 설계 & 운영 체크리스트

❶ '가족같은 문화'보다 '심리적 안전과 공정성' 중심으로 정의하라

→ Emotional closeness보다 Structural fairness가 우선

❷ 행동으로 옮길 수 있는 핵심가치를 3~5개 설정하라

→ 단어가 아닌 실제 행동으로 연결될 수 있어야 함

❸ 문화가 제도와 연결되도록 채용 · 평가 · 보상에 녹여라

→ 문화는 말이 아니라 시스템에서 구현된다

❹ 설문과 인터뷰를 통해 문화의 실체를 주기적으로 점검하라

→ 데이터 기반 개선 필수

• • • • • • • • • •

당신에게 전하고 싶은 말

처음 미국에서 HR을 시작했을 때 저는 '조직문화'란 말을 과소평가했습니다.

"성과만 좋으면, 문화는 나중 문제 아닌가요?"

그렇게 생각한 결과, 높은 이직률, 불신, 소통단절을 경험하며 큰 대가를 치렀습니다.

미국에서 '좋은 기업문화'는 복지나 이벤트가 아니라,

직원이 일상에서 느끼는 존중, 공정함, 그리고 성장 기회입니다.

즉, 조직문화는 채용·평가·승진·회의·퇴사 등 모든 HR시스템에 내재화되어야 진짜 작동합니다.

"미국 조직에선 문화는 브랜드입니다. 내부 직원이 자랑하고 싶어 하는 문화가 외부 인재에게도 가장 강력한 채용 메시지가 됩니다."

문화는 결국, 남는 사람과 떠난 사람 모두의 기억에 남습니다.

당신이 미국에서 조직을 키우고 싶다면, 문화는 '선택'이 아니라

전략이어야 합니다.

Chapter 11

미국식 인재육성과 리더십 개발 전략

"관리자는 만들어지고, 리더는 길러진다"

미국식 인재육성과 리더십 개발의 핵심 전략

 # Scene 11.

캘리포니아 어바인, 한 벤처기업 HR 리더 인터뷰

한승호 실장이 웃으며 물었다.

"심 매니저님. 왜 '리더는 길러진다'고 하셨어요?"

나는 조용히 한 미국인 매니저의 이름을 떠올렸다.

"John. 그 친구는 처음엔 팀원들과 벽이 있었어요. 그런데 1년 뒤, 그가 리더로 '변화'되는 걸 봤죠. 그게 훈련이 아니라, 성장이었어요."

Q1. 미국은 인재육성을 어떻게 바라보나요?

"한국은 '교육 = 훈련(Training)' 위주이고,

미국은 '육성 = 성장(Development)' 중심이에요."

한국: "지시를 잘 따르게 만든다"

미국: "스스로 문제를 해결하도록 돕는다"

Q2. 미국에서 리더십 육성은 어떻게 진행되나요?

⁂ 미국식 리더십 개발 모델: 70-20-10 법칙

구성	의미	실제 방식
70%	경험 기반 학습	프로젝트 리딩, 실패경험 공유
20%	타인과의 피드백	멘토링, 1-on-1, 360 피드백
10%	공식 교육	리더십 워크숍, MBA 강의 · 코칭

"즉, 책상 앞이 아닌 현장 속에서 리더는 자라납니다."

Q3. 한국기업이 미국에서 자주 실수하는 리더십 운영 방식은?

한국식 접근	미국인 시선	문제점
'나 따라와' 리더십	"권위적이다"	창의성 저하
실수 용납 X	"리스크가 두렵다"	실험 회피
명령 • 보고체계	"통제하려 한다"	자율성 상실
업무 중심 대화	"인간적인 연결이 없다"	소속감 부족

Q4. 미국 리더와의 실제 대화 예시가 있을까요?

⁂ 리더십 코칭 중 대화

HR (Coach):

"What was the most difficult part of leading your team this quarter?"

(이번 분기에 팀 리딩하면서 가장 어려웠던 점은 무엇이었나요?)

New Manager:

"Giving negative feedback. I didn't want to hurt their feelings."

(부정적인 피드백을 주는 게요. 기분을 상하게 하고 싶지 않았어요.)

HR:

"That's natural. But honest feedback is part of growing your people."

(그건 당연한 감정이에요. 하지만 정직한 피드백은 팀원을 성장시키는 과정이죠.)

New Manager:

"I see. Maybe I can ask more questions first, before giving direction."

(알겠어요. 먼저 질문을 하고 방향을 제시하는 게 좋겠네요.)

Q5. 어떤 리더십 역량이 중요하게 평가되나요?

⁂ 미국식 리더십 핵심역량 5가지

역량	설명	실천 예시
Emotional Intelligence (EQ)	공감, 자기인식	팀원 감정파악 후 피드백 방식 조정
Collaboration	팀워크, Cross-functional 협업	부서 간 프로젝트 리딩
Communication	명확한 전달력	기대사항, 목표를 숫자 + 스토리로 전달
Accountability	책임감 있는 결과	"내가 한 말과 행동 일치시키기"
Vision	미래 방향 제시	팀 OKR 세팅, 주기적 리뷰 리드

"미국에서 리더란 '계획대로 시키는 사람'이 아니라,
비전과 기준을 제시하고 팀이 잘 움직이도록 환경을 만드는 사람이에요."

Q6. 리더십 교육은 어떤 식으로 진행하셨나요?

⁂ 실제 사례: 시애틀 지사 리더십 육성 프로그램

- **대상: 미국 현지 신임 매니저 8명**
- **기간: 6개월**
- **구성**

월차	활동내용
1개월	리더십 스타일 분석 (DISC · MBTI)
2~3개월	멘토링 매칭 + 360 피드백 수집
4개월	Difficult Conversation 실습 세션
5~6개월	직접 미니 프로젝트 리딩 → 피드백 공유

"리더십은 강의로 배우지 않습니다.
실제 사람과 부딪히면서 자라는 겁니다."

Q7. 한국기업이 미국에서 리더 육성할 때 꼭 기억해야 할 것은?

⁂ 미국식 리더십 개발 가이드라인

항목	전략
Top-down 지양	명령보다 방향 제시
피드백 문화 정착	정기적인 1:1, 360 리뷰 습관화
실수 용인 환경	'Fail fast, Learn faster' 인식
자율과 책임 균형	매니저에게 실질적 권한 위임
코칭형 리더십	'답 주기'보다 '질문 던지기' 훈련

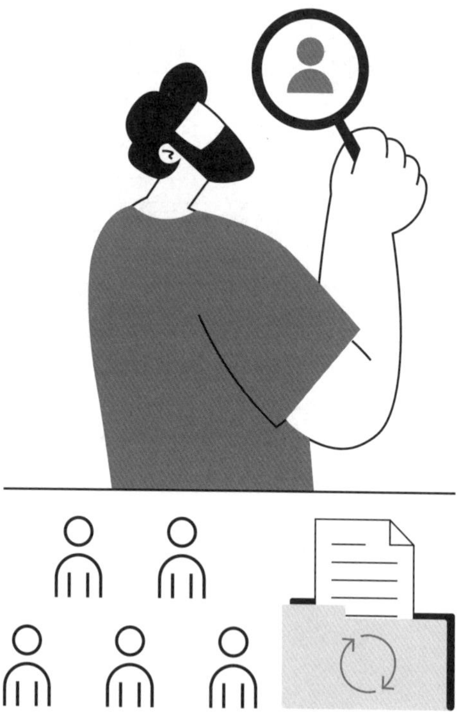

Scene 11-2.

인터뷰 종료

한승호 실장이 마지막으로 물었다.

"그럼, 심 매니저님은 한국의 매니저와 미국의 리더, 뭐가 다르다는 말씀이신가요?"

나는 웃으며 대답했다. "한국에선 '관리'를 잘하면 승진하죠. 미국에선 '사람을 키울 수 있어야' 리더가 됩니다. Manager는 역할이지만, Leader는 관계의 결과물입니다."

실무 경험 사례 (HR 문화적 차이)

1.
"저 친구는 일을 잘하니까 팀장을 시켜야지"의 함정

처음 제가 미국에서 리더를 선발할 때, 가장 크게 저질렀던 실수는 **성과 좋은 직원을 리더로 세우는 것**이었습니다.
그는 뛰어난 실무능력을 가진 베테랑이었지만, 팀장이 되자 3개월 만에 3명의 팀원이 퇴사했고, 리더십 피드백 점수는 최하위를 기록했습니다.
직원들의 코멘트:
"She micromanages everything.(그녀는 모든 걸 일일이 간섭해요.)"
"He doesn't listen. He assumes he's always right.(그는 남의 말을 안 들어요. 항상 자기가 맞다고 생각하죠.)"
그때 처음 깨달았습니다.
성과와 리더십은 전혀 다른 역량이라는 사실을…

2.
미국에서 리더는 '권한'이 아니라 '책임'을 나누는 사람

미국 조직문화에서 리더란,

단순한 관리자가 아닌 사람을 성장시키는 책임자입니다.

역할	주요기능	실패 시 결과
코치(Coach)	역량개발, 피드백 제공	성장정체, 이직유도
의사소통자(Communicator)	방향공유, 투명한 커뮤니케이션	불신 · 루머 확산
문화전파자(Culture Builder)	조직가치 실천	문화왜곡, 팀 분열
의사결정자(Decision Maker)	책임있는 판단	책임회피, 신뢰저하

▶ **미국에서는 리더가 '내 팀을 어떻게 성장시키는가'가 성과만큼 중요한 KPI로 간주됩니다.**

3.
미국식 리더십 개발은 '직급'이 아니라 '역할' 기반

한국에서는 보통 '직급 승진 = 리더 양성'이라고 생각합니다.
하지만 미국에서는 리더십 개발을 더 넓은 개념으로 봅니다.
예를 들어 제가 함께 일한 한 SaaS 회사는 이렇게 접근했습니다:

- **실무자는 누구나 프로젝트 리더 역할을 경험할 수 있음**
- **정식 팀장이 아니더라도 멘토링·코칭 책임자로 참여 가능**
- **리더십 교육도 전체 직원 대상으로 열림**

▶ **결과적으로 '관리자가 아닌 리더'가 조직 내에 퍼지며 조직의 자율성과 책임감이 강화되었습니다.**

4.
미국기업의 대표적인 리더십 육성 시스템

(1) Leadership Competency Framework 개발

먼저 조직에 필요한 리더의 자질을 정의합니다.

영역	세부역량예시
자기인식	감정조절, 자기피드백 수용
관계관리	경청 · 피드백 · 갈등조정
전략적 사고	문제해결, 데이터 기반 판단
코칭 · 육성	성장목표 설정, 역량강화 지원

▶ **이 프레임워크는 리더 평가·교육·피드백·승진 등에 모두 연결됩니다.**

(2) Emerging Leaders Program (예비리더 육성 과정)

제가 운영했던 리더십 육성 프로그램 중 하나는 이렇습니다:

단계	구성
선발	리더 역량이 보이는 직원 자발 지원 or 매니저 추천
교육	6개월간 매월 1회 리더십 워크숍 (피드백 · 코칭 · DEI 등)

실습	프로젝트 리더 역할, 신입 멘토링 등 실전 경험
피드백	360도 피드백 + HR 코칭 면담
인증	프로그램 수료증 + 내부 승진후보 풀 등록

참여자 대부분 1~2년 내 정식 팀장이 되었고,

조직 내 리더십 파이프라인의 연속성이 훨씬 좋아졌습니다.

(3) Executive Coaching & Mentorship 프로그램

특히 중간관리자 이상은 '개별 맞춤형' 개발이 중요합니다.

- **외부 코치와 1:1 세션 (6개월~1년)**
- **리더 간 멘토-멘티 매칭 (상호 성장 기회 제공)**
- **HR이 리더별 성장 플랜 수립 및 점검**

▶ **단순한 교육이 아니라, 지속적인 성찰과 실습이 핵심입니다.**

5.
한국인에게 유독 어려운 '미국식 리더십'의 핵심 차이점

구분	한국식접근	미국식접근
의사결정	상명하복, 빠른 실행	합의 중심, 토론 기반
피드백	지시 위주	코칭 중심 (질문많음)
관계	권위 기반	신뢰 기반 (수평적)
실수처리	책임 추궁	학습기회화

▶ 그래서 한국식 리더십을 그대로 적용하면 미국 팀원들은 "내 목소리를 듣지 않는다."

'정치적이다'라고 느끼게 됩니다.

미국식 인재육성 & 리더십 개발 체크리스트

❶ 성과 우수자와 리더 후보자를 구분하고 있는가?

❷ 리더십 역량에 대한 정의와 평가기준이 명확한가?

❸ 예비리더를 위한 경험 기반 프로그램이 존재하는가?

❹ 리더 간의 멘토링 · 코칭 문화가 있는가?

❺ 실패와 실수를 학습기회로 전환하는 문화가 있는가?

● ● ● ● ● ● ● ● ● ●

당신에게 전하고 싶은 말

미국에서 가장 강한 조직은,

위에서 시키는 사람보다, 아래에서 리더로 자라는 사람이 많은 곳이었습니다.

리더는 타고나는 것이 아니라

계속 관찰되고, 피드백 받고, 성장하며 만들어지는 존재입니다.

당신이 미국 현지에서 리더를 세우고 싶다면,

성과보다 먼저 신뢰와 피드백의 문화를 세우는 것부터 시작하세요.

Chapter 12

미국 HR에서 실무자가 꼭 알아야 할 노동법과 규정

“모르고 하면 범법자,
몰라도 책임은 HR의 몫입니다”

미국 노동법 실무 사례 중심 가이드

Scene 12.

뉴욕 맨해튼 HR 컨퍼런스 룸

한국에서 온지 얼마 안된 박 과장이 말했다.

"솔직히 말하면요… 처음엔 진짜 몰랐어요. 점심시간을 무급으로 처리한게 불법일 줄은 상상도 못했어요."

나는 웃으며 고개를 끄덕였다.

"그게 바로 오늘 이야기할 주제죠. 미국 HR 실무자라면 반드시 알아야 할 노동법."

"어떤 얘기인지 자세히 좀 듣고 싶은데? 괜찮으실까요? 박 과장님"

한승호 팀장이 노트북을 펼치며 말했다.

"이전 회사가 자동차 부품공장이었거든요. 자동화 된 생산라인이라 오퍼레이터에게 점심시간을 20분 부여했는데, 그 때 회사가 바빴는데. 이 친구가 기계 앞을 지키며 간단히 샌드위치를 먹었거든요."

"아~ 지정된 장소에서 식사한게 아니여서 문제가 된건가요?" 김 팀장이 끼어들며 말했다.

"아뇨. 논점의 요지는 그게 아니었어요. 우선 회사는 점심시간을 무급처리하고 있었는데, 이게 FLSA 법령상 30분 미만이거나, 30분이라해도 업무에서 완전히 해방되지 않았다면, 그 시간은 유급이어야 한다는 법령 위반이 된 거죠"

"네?" 한승호 실장이 이해가 되지 않는 듯 되물었다.

"네.. 실장님. 이 케이스에서 문제점은 두 가지입니다."

내가 웃으며 말했다.

"첫째, 식사시간 제공이 30분 미만이란 점. 그리고, 둘째 기계감시라는 업무가 병행되었다는 점입니다. 좀 전 박 과장이 얘기한 것처럼, FLSA에서는 식사시간을 무급으로 처리하려면, 반드시 충족해야 하는 조건이 있는데, 그게 말씀드린 두 가지입니다.

식사시간이 30분 이상이어야 하고, 완전하게 업무에서 벗어나(Bona fide meal break) 있어야 하죠. 무급이 형성되는 이 조건을 충족시키지 못해 위법이 된겁니다."

1. *FLSA – 임금 및 근로시간 (Fair Labor Standards Act)

"식사시간 30분 제공 안 하면, 무급이라도 불법입니다."

한 뉴저지 직원이 점심시간 없이 8시간 일하다 퇴사 후 고소.

벌금 + 체불임금 + 변호사비까지 약 $80,000 배상.

---

* FLSA : Fair Labor Standards Act(공정 근로기준 법)
  고용주가 근로자에게 공정한 임금과 근로조건을 제공하도록 규정하는 법

실무자 체크리스트

- 점심시간 30분은 연속적 비업무 시간이어야 함
- 5~15분간 휴식은 유급 근로시간으로 간주
- 오버타임: 주 40시간 초과 시 1.5배 지급
- 면제직(Exempt)/비면제직(Non-exempt) 구분 필수

⁂ HR – 직원과의 실제 대화 예시

Employee:

"Am I allowed to take a break between tasks?"

(업무 중간에 쉬는 건 괜찮나요?)

HR:

"Yes, you're entitled to 15-minute breaks. Make sure to log them as paid time."

(네, 15분 휴식 가능합니다. 유급시간으로 기록하세요.)

2. Title VII / EEO / *ADA – 고용차별 금지

"나이는 몇이세요?"

이 질문 하나로, $250,000 손해배상 소송 발생.

텍사스 지사 채용면접에서 무심코 던진 말 한마디.

지원자는 Age Discrimination으로 Equal Employment Opportunity Commission (EEOC)에 신고.

---

* ADA :Americans with Disabilities Act (장애인 차별 금지법)
  장애를 가진 사람에 대한 차별을 금지, 동등한 기회와 접근성을 보장하는 법

⁂ **하지 말아야 할 질문예시**

질문	대체표현
"결혼하셨어요?"	(삭제) – 불필요한 정보
"아이 돌볼 사람은 있으세요?"	"이 직무의 근무시간은 X시부터 X시입니다. 문제 없으신가요?"
"신체적으로 문제 있으신가요?"	"직무에 필요한 활동을 수행할 수 있으신가요?"

3. At–Will Termination & WARN Act – 해고 및 사전통보

"At–Will이면 아무 때나 자를 수 있는 거 아니야?"

아닙니다. 절차·서면기록·통보 없이는 위험합니다.

특히 대량해고 시 WARN Act로 60일 사전 통보 의무

→ 캘리포니아 기업, WARN 무시하고 30명 해고 →
$500,000 벌금(한화 약 7억1,050만원)

실무자 체크리스트

- **해고사유 문서화 필수(Performance Review 기록 등)**
- **Progressive Discipline 절차준수**
- **60일 전 통보 (100인 이상 기업, 50인 이상 정리해고 시)**

4. **FMLA – 가족 및 의료 휴직법

"출산휴가? 미국은 유급 아니잖아요."

맞지만, 미제공은 불법일 수 있습니다.

직원 수 50명 이상 기업 → FMLA 적용 → 12주 무급휴직 보장

이를 무시하고 복직요청 거부 시 → 연방법 위반

⁂ 실무자 행동지침

- **출산, 입양, 본인·가족 중병 치료사유 가능**
- **복직 후 동일직무 or 유사직무 보장**
- **각 주별 법 (CA·NY 등)에서는 유급도 있음 → State Law 확인 필수**

5. *I–9 Form & E–Verify – 이민 관련 규정

"그냥 여권 복사해 놓으면 되지 않나요?"

I–9 미작성 또는 잘못된 정보 기재 → 이민국 감사 시 벌금 $1,000~5,000(한화 약 142만 1,500~710만6,000원)

2023년 텍사스 한 IT 기업, 직원 4명 I–9 누락 → ICE 벌금 $18,000(한화 약 2,558만5,200원)

실무자체크리스트

- **채용 후 3일 이내 I–9 작성**
- **Section 1: 직원 → Section 2: 고용주 확인**
- ****E –Verify는 일부 주 필수 (AZ·FL 등)**
- **외국인 직원일 경우 신분 갱신일 정기 확인**

** FMLA : Family and Medical Leave Act (가족 및 의료 휴가법)
근로자가 가족이나 건강 문제로 인해 최대 12주 간의 무급 휴가를 사용할 수있도록 보장하는 법(이 기간 동안 직장은 보호되며, 복직 권리가 있음)

* I–9 Form : 고용 적격성 확인서
고용주가 직원의 신원(identity)과 미국 내에서의 합법적인 근로 자격(employment authorization)을 확인하는데 사용

6. OSHA – 직장 내 안전보건

"에어컨 고장났는데 며칠만 참아달라고 했거든요..."

조지아 한 공장에서 온도 38도 유지 → 직원 쓰러짐 →

***OSHA 신고 → $70,000 벌금

⁂ 실무자 행동 칙

- **작업장 온도유지 권장 (권장 6876°F / 2024°C)**
- **사고발생 시 즉시 보고 및 대응 기록**
- **Safety Training 의무 이행 → 서면기록 보존**
- **PPE (보호장비) 제공 및 착용관리**

7. 주(State) 법 vs 연방(Federal) 법: 어디가 우선인가?

연방법이 기본이지만, 주 법이 더 강하면 주 법 우선

항목	연방법	캘리포니아법
최저임금	$7.25	$16.00 (2024 기준)
병가	없음	유급병가 의무화
휴직보호	50인 이상(FMLA)	5인 이상부터 보호시작

"진출한 주의 노동법은 따로 반드시 숙지해야 합니다."

** E-Verify : 연방 정부(Department of Homeland Security & SSA) 시스템을 통해 직원의 합법적인 취업자격을 전자적으로 확인하는 온라인 시스템

*** OSHA : Occupational Safety and Health Administration(미국 산업안전보건청) 미국 노동부(Department of Labor) 산하 기관으로, 직장 내 근로자의 안전과 건강을 보호하기 위해 1970년 설립

Scene 12-2.

인터뷰 종료

한승호 실장이 마지막으로 묻는다.

"그럼 HR이 제일 먼저 챙겨야 할 건 뭔가요?"

나는 두 단어로 정리했다.

"Compliance First."(준수 우선)

"사람을 관리하려면, 먼저 법을 이해해야 합니다. 미국 HR은 감이 아니라 근거로 일해야 합니다."

실무 경험 사례 (HR 문화적 차이)

1.
"왜 아무도 말 안 해줬냐고요?" - 법률 미숙지로 받은 벌금

미국에 지사 설립 초기, 한 직원에게 매년 10일의 유급병가(Paid Sick Leave)를 주지 않았습니다.
캘리포니아 주법은 연 24시간 이상의 유급병가 제공을 의무화하고 있었는데, 저는 연차(PTO)만 주면 되는 줄 알았습니다.
결과는?
직원 신고로 주 노동청(Department of Labor Standards Enforcement)에 감사가 들어왔고, 벌금 + 미지급 병가 + 추가 배상금을 내야 했습니다.
그때 알았습니다.
미국은 연방법 + 주법 + 시 법까지 겹쳐진, '3중 규제 시스템'입니다.

2.
미국 HR 실무의 법률 기본, 이건 반드시 알아야 합니다.

주요항목	법률명	핵심내용
최저임금	FLSA (Fair Labor Standards Act)	연방기준 외, 각 주별로 더 높은 최저임금 존재
근로시간 · 초과수당	FLSA	주 40시간 초과 시 1.5배 초과수당지급(Exempt 여부 주의)
고용차별 금지	Title VII, ADA, ADEA 등	인종·성별·연령·장애 등 차별 금지. 면접·채용 전 단계 모두 포함
병가 · 가족휴가	FMLA (Family and Medical Leave Act)	연 12주 무급휴가 보장(조건충족시), 유급 여부는 주별 다름
퇴직연금 · 복리후생	ERISA (Employee Retirement Income Security Act)	401(k), 보험 등의 관리 및 공시의무
직원정보보호	HIPAA, CCPA 등	건강정보, 개인정보보호 의무 존재 (특히 CA 주)

▶ **실무에서 가장 많은 실수를 한 항목은 **직원 분류 오류**입니다.**

3.
'Exempt vs Non-exempt' 구분, 틀리면 초과근무수당 폭탄

한국처럼 그냥 '직급' 기준으로 면제를 정한 적이 있습니다.

"대리니까 시급계산 안 해도 되겠지?" 하고 넘겼더니,

나중에 노동부에서 **이 직원은 Non-exempt**라며

2년치 초과수당 소급 지급 명령이 떨어졌습니다.

구분기준	Exempt	Non-Exempt
직무내용	관리직 · 전문직 · 고위 전략업무 등	단순 실행 중심 업무
연봉요건 (2025년 기준)	연 $43,888 이상 + 일정 Job Duty 충족	해당 없음
초과수당	없음	주 40시간 초과시 1.5배 지급의무

▶ **직무기준 + 연봉기준을 모두 충족해야 Exempt.**
'급여제니까 괜찮다'는 논리는 미국에선 통하지 않습니다.

4.
직원 핸드북(Handbook)과 문서화는 HR의 법적 방패막

한번은 직원이 "나는 Remote 근무 허용된다고 들었다"며 정식 출근을 거부했는데, 문서엔 아무 기록도 없었습니다. 구두로만 "당분간 재택 가능"이라고 말한 게 전부였죠.
결과적으로 해고사유 증명이 어려워졌고, 퇴직 후 EEOC에 '부당 해고'로 제소까지 갔습니다.

▶ **이후 모든 정책과 규정을 문서화 → 서명 보관 → 정기 업데이트 시스템으로 전환했습니다.**

필수 HR 문서	용도
*Employee Handbook	고용조건, 근무시간, 휴가, 징계, 리모트 정책 등 종합 명시
Offer Letter & Job Description	입사조건, 직무범위 명확화
Acknowledgement Form	핸드북 수령 및 동의 서명 보관
Disciplinary Documentation	경고, 피드백, 성과관리 과정 기록

5.
HR 감사(DOL·EEOC·OSHA 등)는 예고 없이 온다.

제가 한창 바쁠 때, 노동부(DOL) 감사가 갑자기 들어왔습니다.
이유는 한 직원이 "임금지급이 불규칙하다"고 제보했기 때문이었습니다.
다행히도 당시 Payroll 기록, 초과근무 승인 문서, 근로계약서 등을 모두 정리해뒀기에
감사관에게 깔끔하게 자료를 제출하고 무사 통과할 수 있었습니다.

▶ **미국 HR 실무에서 가장 중요한 건 '증빙 가능한 관리'입니다.**

말로 설명하는 게 아니라, 문서화된 기록이 있어야 법적 책임을 피할 수 있습니다.

* Employee Handbook(직원 핸드북) : 회사의 정책, 규칙, 근무조건, 복지, 행동기준 등을 정리한 문서로, 직원들에게 회사의 기대와 기준을 명확히 전달하는 것이 목적

미국 HR 노동법 체크리스트

❶ **주 법 · 시 법까지 확인하라**

→ 연방기준만 확인하면 안 됨. 캘리포니아 · 뉴욕 등은 규정이 더 강함

❷ **Exempt vs. Non-Exempt 분류는 전문가 도움 받기**

→ HR, Payroll, Legal 함께 검토해야 안전

❸ **핸드북과 정책은 반드시 문서화, 서명 보관**

→ 모든 정책 변경 시 재동의 받아야 법적보호 가능

❹ **Payroll, 근무시간, 휴가기록은 디지털로 보관**

→ 3~4년 보관 원칙. DOL · IRS 요청 시 즉시 제출 가능해야 함

❺ **모든 직원 불만 · 징계 기록은 일지로 남겨라**

→ 향후 소송 · 제소 시 결정적인 증거가 될 수 있음

구분	주요 포인트	실무행동
근로시간(FLSA)	점심시간, 오버타임, Exempt/Non-exempt 구분	사전 근로계약 명시 및 시간관리 시스템
차별금지법	면접질문, 해고, 승진시 차별금지	면접가이드 작성 및 교육
해고규정	At-Will은 전제일뿐, 절차 필수	경고, 성과기록 서면화
휴직법(FMLA/State)	무급 12주 + 주별 유급 여부	Leave policy 내규화
이민법	I-9, 비자상태, E-Verify	3일내 문서제출 및 갱신확인
안전법(OSHA)	온도 · 설비 · 보호장비 · 사고 보고	정기점검 체크리스트 운영

당신에게 전하고 싶은 말

처음 미국 HR을 맡았을 땐,
"그냥 상식대로 하면 되지 않을까?"라고 생각했습니다.
하지만 미국 HR 실무는 '상식'이 아니라 '법'이 기준이었습니다.
모르면 실수, 실수하면 책임, 책임은 HR의 몫입니다.
법은 복잡하지만, 기본원칙을 숙지하고 문서화된 체계를 갖추면
그 자체가 HR의 가장 강력한 방어막이 되어줍니다.

미국 HR 현장에서 답을 찾다

미국기업 HR 실무 사례와 Q&A

저자	**심홍섭**
발행	**한국인사관리협회**

1판 1쇄 인쇄	**2026. 01. 20**
1판 1쇄 발행	**2026. 01. 30**

발행처	**한국인사관리협회**
편집 · 기획	**월간 인사관리 편집팀**
편집디자인	**3K**
주소	**서울 성동구 성수일로 77 서울숲IT밸리 1402호**
전화	**02)2268-2502~3**
홈페이지	**www.insabank.com**

출판등록일	**1997년 3월 11일**
출판등록번호	**제 2015-000078호**
ISBN	**978-89-87475-89-9**
값	**15,000원**